Die folgenden aufgelisteten Angebote sind nicht obligatorisch abzuarbeiten. Die Auswahl der Übungen und Übungsteile richtet sich nach den Schwerpunkten des schulinternen Curriculums.

¡HOLA!

Hier lernst du
- jemanden zu begrüßen,
- dich zu verabschieden,
- jemanden zu fragen, wie es ihm geht,
- zu sagen, wie es dir geht.

1|2

PRACTICAR

1 Begrüßt euch gegenseitig und fragt, wie es euch geht.

¡Buenos días! | Hola, [...]. | Hola, [...], ¿qué tal? | Muy bien, ¿y tú?

2 Sucht euch einen Namen aus und fragt euch gegenseitig danach.

4|1

Me llamo Ana. Y tú, ¿cómo te llamas? | Me llamo Paco.

Toña Ana Tere Elena Clara Cristina Paloma Lola

Paco Roberto Felipe Javi Manolo Pedro Juan

ESCUCHAR

1|3

3 Escucha y contesta. | Höre zu und antworte.

DESCUBRIR

4 Welche Zeichen und Satzzeichen gibt es nicht im Deutschen? Suche Beispiele im Text.

EN LA CLASE

ESCUCHAR Y REPETIR

1|4 **5 a** Escucha y busca las palabras en el dibujo. | Höre zu und suche die Wörter in der Zeichnung. Schreibe den Buchstaben, der zu jedem Wort gehört, in dein Heft. Wie lautet die Lösung?

1|4 **b** Escucha y repite. | Höre zu und wiederhole.

6 a Escribe las palabras en tu cuaderno. | Schreibe die Wörter in dein Heft.
la silla, el estuche, la ventana, mañana, la mesa, hola, la pizarra

1|5 **b** Escucha y subraya las letras. | Höre zu und vergleiche: Unterstreiche die Buchstaben, die anders ausgesprochen werden als im Deutschen.

DESCUBRIR

▸▸ Resumen 3, página 19

7 a Betrachte die Wörter in der Zeichnung. Welche Nomen sind männlich? Welche weiblich?
Tipp: Zwei Wörter geben dir einen deutlichen Hinweis, wie du beide unterscheiden kannst. Welche sind das?

4|2 **b** Sortiere alle Nomen in zwei Listen und schreibe die männlichen in blau, die weiblichen in rot.

PRACTICAR

8 Pregunta y contesta. | Frage nach Dingen in der Klasse, deren spanischen Namen du schon kennst. Dein Mitschüler / Deine Mitschülerin antwortet.

¿Cómo se dice «der Füller» en español?

Se dice «la pluma».

EL ALFABETO

1|6

a	a	**A**licante
b	be	el **b**oli
c	ce	gra**c**ias, ¿**c**ómo?
ch	che	la mo**ch**ila
d	de	el cua**d**erno
e	e	**e**l **e**uro
f	efe	el pro**f**esor
g	ge	el cole**g**io, la **g**oma
h	hache	**h**ola
i	i	Fel**i**pe
j	jota	**J**avi
k	ka	el **k**ilo
l	ele	el **l**ibro
ll	elle	la si**ll**a
m	eme	**m**añana
n	ene	A**n**a
ñ	eñe	Espa**ñ**a
o	o	el alumn**o**
p	pe	la **p**izarra
q	cu	¿**q**ué tal?
r	ere	la pa**r**ed
s	ese	**S**arah
t	te	**t**ú
u	u	el est**u**che
v	uve	la **v**entana
w	uve doble	la página **w**eb
x	equis	el e**x**amen
y	i griega	mu**y**
z	zeta	la ti**z**a

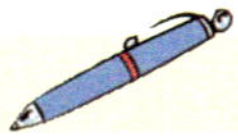

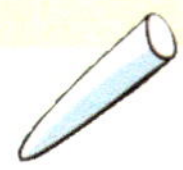

ESCUCHAR

1|7

9 Escucha la canción del alfabeto. | Höre das Alphabetlied. Welche Ortsnamen kennst du schon?

1|8

10 a Escucha y escribe. | Höre zu und schreibe mit. Lies dann die Wörter vor.

b Deletrea una palabra. | Buchstabiere ein Wort von Seite 8. Dein Mitschüler / Deine Mitschülerin sagt das Wort.

11 Pregunta, escribe y lee la palabra. | Frage nach folgenden Gegenständen. Dein Lehrer / Deine Lehrerin sagt und buchstabiert das spanische Wort. Schreibe es auf und lies es vor.

¡AHORA SOY DE ALICANTE!

¡ACÉRCATE!

1|9

COMPRENDER

6|2
7|3

1 Relaciona. | Was gehört zusammen?

Muy bien, ¿y tú?

Hola, ¿qué tal?

¿De dónde eres?

¿Quién es él?

Tú eres de Alemania, ¿verdad?

Hier lernst du
- zu fragen und zu sagen, woher jemand kommt,
- jemanden vorzustellen.

Soy de Costa Rica.

Esteban.

Sí, soy de Hamburgo.

¿Cómo te llamas?

¡Ni idea!

ESCUCHAR

1|10

2 Escucha. | Höre zu. Begrüßen oder verabschieden sich die Personen? Mache Notizen.

PRACTICAR

6|1

3 Pregunta y contesta. | Arbeitet zu zweit: Begrüßt euch gegenseitig und fragt, wie es euch geht. So könnt ihr antworten:

muy bien

bien

regular

pues yo … fatal

4 Relacionad las escenas. | Was gehört zusammen? Ordnet zu und spielt die Szenen dann nach.

¿De dónde eres?

Tú eres de Alemania, ¿verdad?

Soy de Costa Rica, de San José.

Sí, soy de Hamburgo. Bueno … ahora soy de Alicante.

5 a ¿Quién es? | Welche vier Jungen und Mädchen von S. 10/11 erkennst du wieder? Welches Mädchen ist Clara?

1 Ella es [...].

2 Ella es [...].

3 Él es [...].

4 Ella es [...].

5 Él es [...].

b Pregunta a tu compañero / tu compañera. Él / Ella contesta. | Frage deinen Mitschüler / deine Mitschülerin nach den Jungen und Mädchen.

¿Quién es?

Él es [...]. / Ella es [...]. / Ni idea.

ESCUCHAR Y REPETIR

1|11

6 Escucha y repite. | Höre zu und sprich nach.

Ja**v**i Este**b**an **b**ien **b**ueno
verdad **v**entana li**b**ro

1|12
7|4

7 a Escucha y repite. | Höre zu und sprich nach.

b Mira las palabras. | Schau dir die Wörter von **7a** an. Wann wird das c wie ein k ausgesprochen?

gra**c**ias ¿**c**ómo? **C**osta Ri**c**a
¡A**c**ér**c**ate! **c**uaderno **c**arpeta

YA LO SÉ

8 Der erste Schultag in Alicante: Bereitet zu dritt die Szene vor.

1. Verteilt die drei Rollen.
2. Formuliert gemeinsam eure Texte.
3. Lernt eure jeweiligen Texte auswendig.
4. Spielt die Szene vor.

- **A** begrüßt **B** und stellt sich vor.
- **B** grüßt und stellt sich ebenfalls vor. Dann fragt **B**, woher **A** kommt.
- **A** antwortet.
- **C** begrüßt **A** und fragt, wie es ihm / ihr geht.
- **A** antwortet.
- **C** verabschiedet sich. **B** fragt **A** wer **C** sei.
- **A** antwortet.

Hier lernst du
- Fragen zu stellen.

¿SOIS HERMANOS?

1|13

1 Escucha los diálogos. | Höre dir die Gespräche an und sprich leise mit.

1|14

2 Escucha, lee y repite los diálogos. | Höre zu und lies mit. Da, wo eine Lücke steht, höre genau hin und sprich dann nach.

Höre genau zu und sprich nach.
So kannst du dir wichtige Redewendungen einprägen.

1.
Cristina: Hola, ¿[...]?
Manuel: Soy Manuel. Y vosotros, ¿[...]?
Cristina: Sí, [...].

2.
Juan: Hola, ¿[...]?
Teresa: [...]. Y vosotros, ¿[...]?
Juan: Sí, [...]. Yo soy Juan y ella es Ana.

3 Preparad un diálogo. | Bereitet einen Dialog vor und spielt ihn vor.

8|1
8|2
8|3

– Hola, soy [...]. Y tú, ¿cómo te llamas?

– Y vosotros, ¿sois hermanos? / ¿sois amigos?

– Soy [...].

– Sí, ella es [...]. / Él es [...].

DIÁLOGO

¿QUIÉN ES?

Hier lernst du
- zu fragen und zu sagen, wer jemand ist.

1|15

1 Escucha los diálogos. | Höre die Dialoge und lies mit. Beim zweiten Mal sprich leise mit.

1

2

9|4
9|5
9|8

2 Preparad en parejas diálogos como en **1**. | Bereitet zu zweit die Dialoge vor und präsentiert sie.

1

Pedro – amigo – Cristina

2

Teresa – amiga – Manuel

3
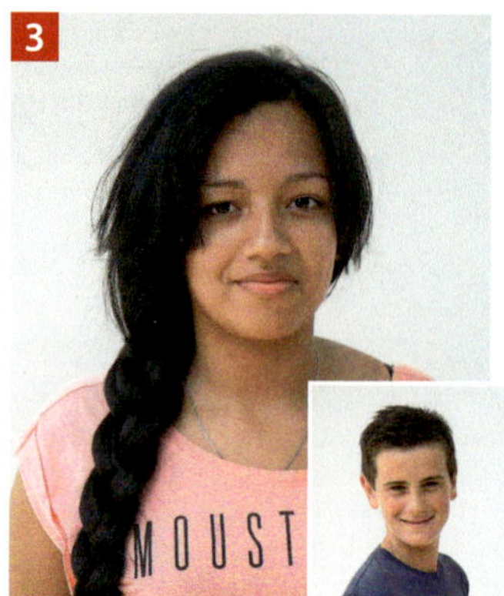

Cristina – amiga – Pedro

4

Ana – hermana – Juan

5

Manuel – amigo – Teresa

6
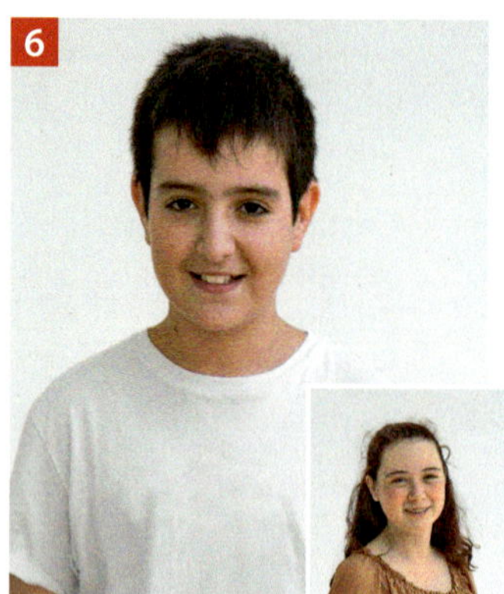
Juan – hermano – Ana

TEXTO

LOS AMIGOS DE ESTEBAN

Hier lernst du
- etwas / jemanden zu beschreiben,
- zu fragen, wie jemand etwas findet.

1|16

Javi, Elena y Sarah son amigos. En el recreo los chicos charlan con Esteban, el compañero nuevo. Clara es la hermana de Esteban. Ellos son de Costa Rica, pero ahora estudian en el colegio San Vicente de Alicante.

Sarah es de Hamburgo. Habla alemán y ahora también habla español.

La profesora habla con Esteban y Clara.

La madre de Esteban se llama Patricia. El padre de Esteban se llama Luis y trabaja en el hotel «Mirasoles» de Alicante. En casa Esteban y los amigos de Costa Rica chatean por internet.

COMPRENDER

10|1
10|2

1 ¿Verdadero o falso? | Richtig oder falsch? Korrigiere die falschen Sätze.

1. Clara es la amiga de Esteban.
2. Esteban y Clara son de Costa Rica.
3. Javi, Elena y Sarah son amigos.
4. Sarah es de Alicante.
5. Sarah habla alemán y español.
6. La madre de Esteban se llama Alicia.
7. El padre de Esteban trabaja en el hotel «Mirasoles».

ESCUCHAR Y REPETIR

1|17

2 a Escucha y repite. | Höre zu und sprich nach.

gracias lue**g**o **g**oma ami**g**o ami**g**a **G**uatemala re**g**ular

pá**g**ina cole**g**io Ar**g**entina

b Schaue dir die Wörter von **2a** an: Wann wird das g wie das ch in Buch ausgesprochen?

1|18

c Escucha y repite la frase.
Juan y **J**avi son de Ar**g**entina y traba**j**an en el cole**g**io de San **J**osé.

VOCABULARIO

3 Relaciona. | Was passt zusammen? Beispiel: *la mesa – la silla*

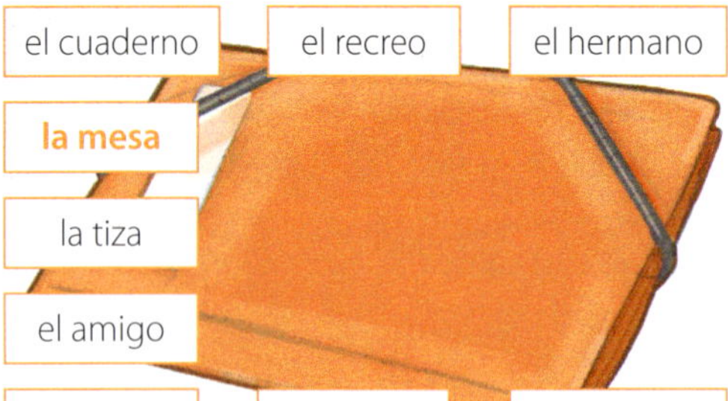

el cuaderno | el recreo | el hermano | la hermana | la pizarra | el libro | **la mesa** | **la silla** | la tiza | la amiga | el amigo | la madre | el padre | español | la profesora | el colegio | alemán | el alumno

DESCUBRIR

4 a Ergänze die fehlenden Formen.
Wie bildest du den Plural im Spanischen? ▸▸ Resumen 3, página 19

singular	plural	singular	plural
el amigo	**los** amig[...]	**la** amig**a**	**las** amig[...]
el chic**o**	**los** chic[...]	**la** chic**a**	**las** chic[...]

b Bilde den Plural:
el alumno, la alumna, la profesora, el hermano, la hermana

c Schlage nach im Resumen, S. 19: Wie bildest du den Plural der folgenden Nomen?
el profesor, la pared, el hotel, la unidad

11|5 **5 a** Relaciona. | Was gehört zusammen? ▸▸ Resumen 2, página 19

nosotras	tú	ellos	yo	vosotros
vosotras	ella	nosotros	ellas	él

ich	er	es	ihr
du	sie	wir	sie

b Für welche deutschen Pronomen gibt es zwei Formen im Spanischen? Welches deutsche Pronomen gibt es nicht im Spanischen?

HABLAR

6 a Presenta a uno de los chicos a tu compañero / tu compañera. | Stelle eine/einen der Jugendlichen deinem Mitschüler / deiner Mitschülerin vor.

▸ p. 100
12|9

Ejemplo: Elena es de Alicante. Habla español. Estudia en el colegio San Vicente.

Elena Alicante español colegio San Vicente

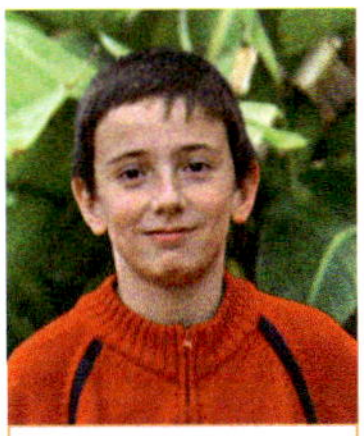
Javi Alicante español colegio San Vicente

Sarah Hamburgo alemán español colegio San Vicente

Esteban Costa Rica español colegio San Vicente

Clara Costa Rica español colegio San Vicente

b Tú eres uno de los chicos de **a**. Preséntate. | Du bist eine/einer der Jugendlichen aus **a**. Stelle dich vor.
Ejemplo: Soy Elena y soy de Alicante. Hablo español. Estudio en el colegio San Vicente.

7 Fragt euch gegenseitig.

Esteban y Clara | Sarah y Elena | Javi y Esteban | Clara y Sarah | Javi, Elena y Sarah

A: Esteban y Clara son amigos, ¿no?
B: No, son hermanos.

APRENDER MEJOR

8 a ¡Apúntate ya! entdecken.
Zu zweit: Verteilt die untenstehenden Fragen unter euch und beantwortet sie.

1. Du liest den Text «Los Amigos de Esteban» (Seite 15) noch einmal und weißt nicht mehr, was „trabajar" bedeutet. Wo schlägst du nach? (Zwei Antworten)
2. Du möchtest wissen, wo genau in Spanien die Stadt Alicante liegt. Wo kannst du nachschauen?
3. Du möchtest mehr über Alicante erfahren. Wo findest du Informationen?
4. Für einen Test willst du die Grammatik der Unidad 1 wiederholen. Wo schlägst du nach?

Destreza
Schaue dir dein Spanischbuch genau an: An vielen Stellen gibt es Informationen und Tipps, die dir z. B. bei der Lösung von Aufgaben helfen können.

b Zeigt euch gegenseitig, welche Antworten ihr zu den Fragen in **a** gefunden habt.

ESCUCHAR Y HABLAR

▶ p. 100

9 Escucha y contesta las preguntas. | Höre zu und antworte auf die Fragen.

1|19

1|20

10 Escucha y apunta. | Höre zu. Suche zu jedem Satz die passende Szene und notiere die Nummern in der richtigen Reihenfolge.

> Um etwas auf Spanisch zu verstehen, musst du nicht alle Wörter kennen!

PUNTO FINAL 1

11 Du hast einen neuen Freund aus Spanien: Stelle dich vor. Sage,
- wie du heißt,
- woher du kommst,
- wo du zur Schule gehst,
- was du zu Hause machst,
- welche Sprachen du sprichst.

RESUMEN DE GRAMÁTICA

GH 5|1

1 Los verbos | Die Verben

GH 5|1.2

1.1 El verbo ser | Das Verb ser

	ser	
«Hola,	**soy**	Esteban.»
«Esteban, ¿	**eres**	de Costa Rica?»
«¿Quién	**es**	Rafa?»
«Ahora	**somos**	amigas de Esteban.»
«Chicas, ¿	**sois**	de España?»
Sarah y Elena	**son**	también amigas.

GH 5|1.1

1.2 Los verbos en -ar | Die Verben auf -ar

	hablar	
«En casa	habl**o**	alemán.»
«Esteban, ¿	habl**as**	también español?»
Rafa	habl**a**	con Javi.
«En el colegio	habl**amos**	con Esteban.»
«Chicos, ¿	habl**áis**	alemán?»
Sarah y Elena	habl**an**	en el recreo.

GH 6|2

2 El pronombre personal sujeto | Das Subjektpronomen

Yo	me llamo Sarah.
Tú,	¿cómo te llamas?
Él / Ella	es de Alicante.
Nosotros / Nosotras	estudiamos en el colegio.
Vosotros / Vosotras	sois de aquí, ¿verdad?
Ellos / Ellas	hablan en el recreo.

GH 7|3.1

3 El artículo determinado y el sustantivo | Der bestimmte Artikel und das Nomen

singular	el	cuadern**o**	la	gom**a**
	el	colegi**o**	la	mochil**a**
	el	profeso**r**	la	pare**d**
plural	los	cuadern**os**	las	gom**as**
	los	colegi**os**	las	mochil**as**
	los	profesor**es**	las	pared**es**

EJERCICIOS FACULTATIVOS

1 Arbeitet zu zweit: A zeigt ein Nomen, B sagt den passenden Artikel (el, la) dazu.
▸▸ Resumen 3, página 19

amigo	profesor	profesora	amiga
hermano	chico	chica	hermana
compañero	compañera	madre	padre

2 Forma el plural y escribe las palabras en tu cuaderno. | Bilde den Plural von diesen Wörtern und schreibe die Formen in dein Heft. ▸▸ Resumen 3, página 19

la clase   la pizarra   la pared   el colegio   el hotel   el profesor

3 Arbeitet zu zweit: Diktiert euch gegenseitig fünf Nomen im Singular. Setzt diese dann in den Plural. ▸▸ Chronologische Liste, S. 127–130

10|3 **4** Completa con el, la, los, las.

1. Javi es [...] amigo de Elena.
2. Clara es [...] hermana de Esteban.
3. [...] chicos estudian en [...] Colegio San Vicente.
4. [...] profesora habla con Esteban y Clara.
5. [...] chicas charlan en el recreo.
6. Esteban es [...] compañero nuevo de Elena y Javi.
7. [...] madre de Esteban se llama Patricia.
8. [...] padre de Esteban trabaja en [...] hotel «Mirasoles».

▸ p. 100 **5** Arbeitet zu zweit: A zeigt auf das Pronomen, B sagt die passende Form von ser. Tauscht danach die Rollen. ▸▸ Resumen 1, página 19

[yo]
[tú]
[él, ella]
[nosotros, nosotras]
[vosotros, vosotras]
[ellos, ellas]

somos   soy   eres   sois   es   son

11|4 **6** Completa las frases con una forma de ser. | Ergänze die Sätze mit einer Form von ser.
▸▸ Resumen 1, página 19

1. – Tú [...] de Costa Rica, ¿verdad? – Sí, [...] de San José.
2. – ¿Quién [...] ella? – [...] Sarah, la amiga de Elena.
3. – ¿Vosotros [...] de Alemania? – Sí, [...] de Berlín.
4. – Y vosotras, ¿también [...] de Alemania? – Sí, [...] de Hamburgo.
5. – Elena, Sarah y Esteban [...] compañeros en el cole. ¡Y ahora también [...] amigos!
6. – Tú [...] Esteban, ¿verdad? – Sí, [...] el chico nuevo.

7 Jugad en grupos de tres con un dado. | Spielt zu dritt mit einem Würfel. **A** bestimmt ein Verb aus der Liste. **B** würfelt und konjugiert das Verb in der entsprechenden Form. **C** schreibt die Form auf. **A** kontrolliert. Danach wechselt ihr euch ab. ▸▸ Resumen 1, página 19

charlar
chatear
estudiar
hablar
trabajar

- ⚀ yo
- ⚁ tú
- ⚂ él / ella
- ⚃ nosotros / nosotras
- ⚄ vosotros / vosotras
- ⚅ ellos / ellas

11|6 12|7 **8** Forma frases. | Bilde Sätze. Wer findet mehr als sechs? ▸▸ Resumen 1, página 19
Tipp: Denke daran, die Verben zu konjugieren!

[Yo]
[Tú]
Elena
El padre de Esteban
[Nosotros]
[Vosotras]
Elena y Sarah
Los profesores
Los amigos de Esteban

charlar
chatear
hablar
trabajar
estudiar

en el colegio.
en Alicante.
por internet.
con el chico.
con los amigos.
con los alumnos.
en casa.
alemán.
español.
en el hotel «Mirasoles».

9 Completa los diálogos con las preguntas.

EN LA CALLE

¡ACÉRCATE!

1|21

Alicante es una ciudad en España y la Explanada de España es una calle en el centro de Alicante. ¿Qué hay allí? Pues hay tiendas, hoteles y … ¡mucho más! ¡Mira!

1 Hay una heladería,

2 hay una panadería

5 un restaurante,

6 y hay un cibercafé, ¡por supuesto!

Hier lernst du
- eine Straße vorzustellen.

3 y también hay un kiosco.

4 Además hay un cine,

7 ¿Qué más hay? Ah, un castillo. Es el castillo de Santa Bárbara. Y también hay una playa, ¡claro!

APRENDER MEJOR

1 Die Bedeutung von unbekannten Wörtern herausfinden

Mira las fotos. | Schaue dir die Fotos an und überlege, was die folgenden Wörter bedeuten.

Ejemplo: el restaurante → das Restaurant

la heladería la panadería
el kiosco el cine
la playa el restaurante
el cibercafé

Destreza

Wenn du ein unbekanntes Wort liest, überlege:
- ob du ein ähnliches Wort in einer anderen Sprache kennst,
- was dir noch helfen könnte (z. B. Fotos), das Wort zu verstehen.

▸▸ Destrezas 1, p. 117

DESCUBRIR

2 a Wenn du deinen Wohnort vorstellst, brauchst du un / una. Schaue dir die Beispiele an und ergänze den unbestimmten Artikel un / una. ▸▸ Resumen 2, p. 31

el kiosco – **un** kiosco
el restaurante – [...] restaurante
el hotel – [...] hotel

la playa – **una** playa
la panadería – [...] panadería
la tienda – [...] tienda

15|1 **b** Busca las palabras. | Suche die einzelnen Wörter und schreibe sie mit dem unbestimmten Artikel auf.

centroheladeríaclasecolegiocinecastilloplayaciudadcallecibercafé

ESCUCHAR Y REPETIR

1|22 **3 a** Escucha y lee. | Höre zu und lies mit. Achte auf die Aussprache von r.

padre mira pero restaurante pizarra panadería charlar cibercafé
Santa Bárbara Roberto regular Costa Rica

1|23 **b** Lee la frase. Luego escucha y repite. | Lies den Satz. Danach höre zu und sprich nach.
Roberto y Ramón charlan en un cibercafé.

HABLAR

▸ p. 100 15|2 **4** En parejas. | Zu zweit. Fragt euch gegenseitig, was es in der Explanada de España gibt. Nennt jeweils drei Dinge.

¿Qué hay en la Explanada?
Pues, hay un [...]. / una [...].
¿Qué más hay?
Ah, también hay un [...]. / una [...].
¿También hay un cine?
No, pero hay un cine en la calle Mayor.

YA LO SÉ

▸ p. 101 **5** En el centro de Alicante. | Du bist in Alicante und kennst dich dort nicht aus. Spielt die Szene.
Partner B: Schlage die S. 101 auf.

A
- Du begrüßt B und fragst B, was es im Zentrum von Alicante gibt.
- Du möchtest auch wissen, was es dort noch gibt.
- Du fragst B, ob es einen  in der Nähe gibt.

- Du fragst B, ob es ein  in der Nähe gibt.
- Du fragst B, ob es ein  in der Nähe gibt.
- Du bedankst dich und verabschiedest dich.

¿DÓNDE VIVES?

Hier lernst du
- zu fragen, wo jemand wohnt,
- zu sagen, wo du wohnst.

1|24 **1** Escucha el diálogo. | Höre dir den Dialog an. Dann höre ihn noch einmal an und sprich leise mit.

Cristina: Manuel, ¿dónde vives?
Manuel: Pues por aquí cerca, en la calle Murcia. Y tú, ¿dónde vives?
Cristina: ¿Yo? Vivo en la calle Albacete.
Manuel: Ana, y tú vives en la calle Juanito Santero, ¿verdad?
Ana: Sí, allí cerca hay un estadio.
Manuel: ¡Claro!, es el estadio de Alicante.

16|1 **2 a** Zeige auf dem Stadtplan, wo Cristina, Manuel und Ana wohnen.

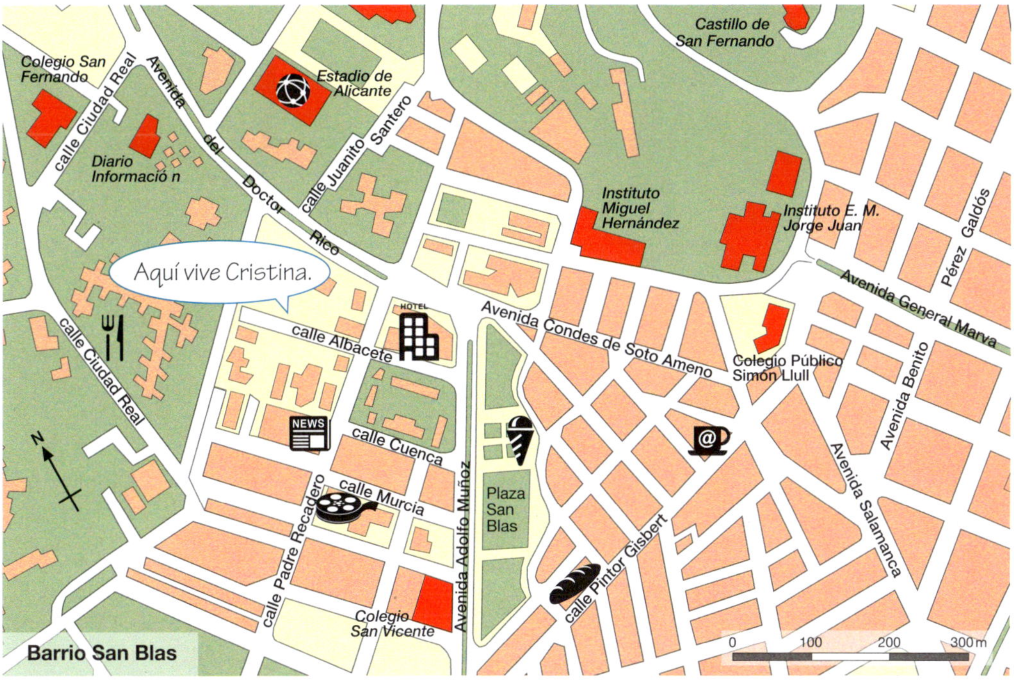

1|25 **b** Las calles. Escucha, lee y repite. | Die Straßennamen. Höre zu und lies mit.

1. calle Albacete
2. calle Cuenca
3. avenida Adolfo Muñoz
4. calle Murcia
5. calle Pintor Gisbert
6. calle Padre Recadero

1|26 17|4 **3** Escucha, lee y repite. | Höre zu und lies mit. Da, wo eine Lücke steht, hörst du erst zu und sprichst dann nach.

Juan: Teresa, ¿dónde vives?
Teresa: [...], en la calle Murcia. Y tú, [...]
Juan: ¿Yo? [...].
Teresa: Pedro, y tú vives en la calle Pintor Gisbert, ¿verdad?
Pedro: Sí, [...] una panadería.
Teresa: ¡Claro!, es la panadería de Thomas, el padre de Sarah.

16|2 **4 a** Wo wohnen Pedro, Teresa, Antonio und Juan?
Suche die Straßen auf dem Plan (Seite 25) und sage, was es dort gibt.

1

Pedro vive en la calle Pintor Gisbert.

2

Teresa vive en la calle Murcia.

3

Antonia vive en la calle Padre Recadero.

4
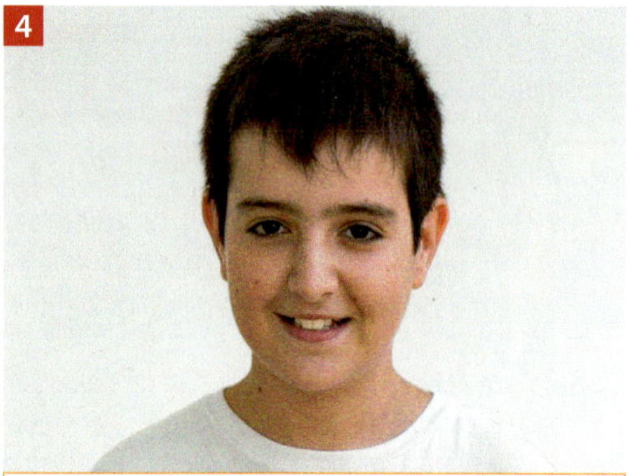
Juan vive en la calle Juanito Santero.

1|27 **b** Escucha, lee y repite. | Höre zu, lies mit.
Da, wo eine Lücke steht, hörst du erst zu und sprichst dann nach.

1. Pedro vive en la calle Pintor Gisbert. [...]
2. Teresa vive en la calle Murcia. [...]
3. Antonia vive en la calle Padre Recadero. [...]
4. Juan vive en la calle Juanito Santero. [...]

5 Elige a un chico / una chica de **4 a** y preséntate como en el ejemplo. |
Wähle ein Mädchen / einen Jungen aus und stelle dich wie im Beispiel vor.

Me llamo Pedro.
Vivo en la calle Pintor Gisbert. Allí cerca hay una panadería.

6 17|5 ¿Dónde vives? Tú eres el chico / la chica de **5**.
Prepara con tu compañero / tu compañera un diálogo. | Du bist eine/einer der Jugendlichen von **5**.
Bereitet zu zweit einen Dialog vor und spielt ihn der Klasse vor.

¿Dónde vives?
Pues por aquí cerca, en [...].
Y tú, ¿dónde vives?
¿Yo? Vivo en [...]

TEXTO

EN EL BARRIO SAN BLAS

Hier lernst du
- ein Stadtviertel vorzustellen,
- einen Vorschlag zu machen.

1|28 Javi, Elena y Sarah viven en el barrio San Blas de Alicante. Ahora Esteban también vive allí y descubre poco a poco el barrio.

Elena: Mira, Esteban, ésta es la Avenida Adolfo Muñoz Alonso. Aquí vivo yo. Aquí cerca hay una academia de danza. Allí aprendo baile español.
Javi: ¿Qué? ¿Tú aprendes baile español?
Elena: Sí, Javi, yo. ¿Y qué?
Javi: Vale, vale …
Esteban: Oye, Javi, y tú, ¿dónde vives?
Javi: Pues por aquí cerca, en la calle Ciudad Real. En la esquina hay una hamburguesería. A veces comemos allí.
Elena: ¿Qué? ¿A veces coméis allí? ¿A veces?
Javi: Pues sí, Elena, a veces. ¿Y qué?
Sarah: Chicos, ¡basta ya! Esteban, tú vives en la calle Juanito Santero, ¿verdad?
Esteban: Sí, y allí cerca hay un estadio.
Sarah: Claro, es el estadio de Alicante.
Esteban: Y vosotros, ¿dónde vivís?
Sarah: Vivimos en la calle Pintor Gisbert. Allí, en el cibercafé, leo revistas en alemán y escribo e-mails. Ah, y también hay una panadería, la panadería de papá.
Elena: Y aquí en la Plaza San Blas hay una heladería, ¿ves? ¿Tomamos un helado?
Javi: ¡Sí, yo sí! Y en la heladería también hay horchata.
Esteban: ¡Qué rico!

Elena: Oye, Sarah, y ellos, ¿quiénes son?
Sarah: Son los padres de Esteban, ¡creo!
Javi: ¿Y el helado?

COMPRENDER

18|1 **1** ¿Dónde viven los chicos y qué hay allí cerca? | Wo wohnen die Kinder und was gibt es dort?

[…] vive en la	calle Juanito Santero. calle Ciudad Real. Avenida Adolfo Muñoz Alonso. calle Pintor Gisbert.

Allí hay Allí cerca hay	un	estadio. cibercafé.
	una	hamburguesería. academia de danza.

VOCABULARIO

2 ¿Qué es? Adivinad. | Was ist das?
Ratet, welche Orte hier abgebildet sind.

18|2

APRENDER MEJOR

3 **Hörverstehen trainieren**
Du bist neu in Alicante und möchtest wissen, wo die folgenden Orte sind.
Höre den Dialogen zu und ordne die Orte den Straßennamen zu. Welches Bild bleibt übrig?
Ejemplo: Hay un cibercafé en …

▸ p. 101

1|29

la calle Mayor | la plaza de San Blas | la calle Pintor Gisbert

Destreza
Überlege vor dem Hören, was du heraushören möchtest:
hier sind es die Läden und die Straßen.
Achte beim Hören nur auf diese Informationen.
▸▸ Destrezas 1, p. 113

BÚSQUEDA DE INFORMACIÓN

4 a Mira el plano de Alicante al final del libro y busca el castillo de Santa Bárbara y la Explanada de España.

b ¿Cómo se llama la playa?

c Busca información sobre el castillo, la Explanada y la playa en el Pequeño diccionario de cultura y civilización de la página 122.

ESCUCHAR

1|30

5 Escucha y elige la foto correcta. | Höre Alba zu und wähle das richtige Bild aus.

1

2

DESCUBRIR

6 Du willst sagen, wo du wohnst. Dafür brauchst du das Verb vivir.

a Suche die Formen des Verbs vivir im Text und trage sie in eine Tabelle ein.

b Sieh dir die Formen von vivir genau an. Schlage das Buch zu und schreibe sie frei auf. Tauscht eure Blätter aus. Korrigiert euch gegenseitig. ▸▸ Resumen 1.1, p. 31

	vivir
[yo]	[...]
[tú]	[...]
[él / ella]	[...]
[nosotros/-as]	[...]
[vosotros/-as]	[...]
[ellos/-as]	[...]

7 a Würfelt zu zweit und bildet die entsprechende Form von vivir.
Ejemplo: = tú → tú vives

b Nun bildet Sätze mit dem Verb vivir.
Ejemplo: → Vivimos en el barrio San Blas.

yo · tú · él / ella · nosotros / nosotras · vosotros / vosotras · ellos / ellas

en España · en la calle Juanito Santero
en Alicante · cerca de los amigos
en casa · en el barrio San Blas

HABLAR

8 Sarah und Esteban überlegen, was sie unternehmen könnten. Bereitet die Dialoge vor und spielt sie nach. Wechselt euch ab.

1. *tomar* un helado / la heladería – plaza San Blas
2. *escribir* e-mails / el cibercafé – calle Pintor Gisbert
3. *leer* revistas / el cibercafé – calle Pintor Gisbert
4. *comer* / la hamburguesería – calle Ciudad Real
5. *tomar* una horchata / el kiosco – calle Cuenca

Ejemplo: **Sarah:** ¿Tomamos un helado? **Esteban:** ¡Sí, claro! ¿Dónde?
Sarah: En la heladería en la plaza San Blas.

▸ p. 101

9 a Relaciona las preguntas de Javi con las respuestas de Esteban. |
Finde zu jeder Frage von Javi die passende Antwort von Esteban.

1. ¿Cómo te llamas?
2. ¿Eres de Alicante?
3. ¿Dónde vives?
4. ¿Clara y tú sois amigos?
5. ¿Hay un cine cerca?

a) No, pero hay un cine en la calle Mayor.
b) No, Clara y yo somos hermanos.
c) Vivo en la calle Juanito Santero.
d) Me llamo Esteban.
e) No, soy de Costa Rica, pero ahora vivo aquí.

b Comparad las soluciones de **a** y haced el diálogo. |
Vergleicht eure Ergebnisse von **a** zu zweit. Danach spielt den Dialog von Javi und Esteban nach.

10 ¿Quién es? ¿Quiénes son? Tú preguntas y tu compañero / tu compañera contesta. | Wer ist das? Du zeigst auf ein Bild und fragst, dein Nachbar / deine Nachbarin antwortet. Danach wechselt ihr euch ab. ▸▸ Resumen 3, p. 31

– Y ella, ¿quién es?
– Es Sarah, la amiga de Elena.

– Y ellos, ¿quiénes son?
– Son los padres de Esteban.

1

Sarah / la amiga de Elena

2

los padres de Esteban

3

Javi / el amigo de Sarah

4

Clara / la hermana de Esteban

5

Elena y Esteban / los amigos de Sarah

6

Rafa / el hermano de Javi

7

María / la profesora de Javi

8

los padres de Sarah

11 a ¿Qué hay en tu barrio? | Was gibt es alles in deinem Wohnort? Überlege und schreibe die spanischen Wörter auf, die du brauchst.

Du möchtest wissen, was z. B. Schwimmbad auf Spanisch heißt? Dann schlage in einem Wörterbuch oder in einem Online-Wörterbuch nach. ▸▸ Destrezas 1, p. 118

Online-Wörterbuch **Deutsch Spanisch**

Hier gibst du den Suchbegriff ein.

Suchrichtung: ↔

Schwimmbad

Suchen

Spanisch	**Deutsch**
piscina *f.*	das Schwimmbad

Hier kannst du dir das Wort anhören.

f. = femenino = weiblich → Verwende **la** oder **una**.
m. = masculino = männlich → Verwende **el** oder **un**.

b Fragt und erklärt euch gegenseitig, woher ihr kommt, wo ihr wohnt, was es in eurem Wohnort / Wohnviertel gibt.

¿De dónde eres? / ¿Dónde vives? / ¿Qué hay allí?

Soy de … / Vivo en el barrio … / Allí hay …

■■■ PUNTO FINAL 2

P **12** Presenta tu barrio. | Du möchtest einem spanischen Freund von deinem Stadtviertel erzählen. Erstelle dazu eine Collage mit Bildern, Zeichnungen und Karten und sage, was man darauf sehen kann. Stelle deine Collage deiner Klasse vor.

Vivo en …	Allí hay …	También hay …	Cerca hay …	En la esquina hay …

RESUMEN DE GRAMÁTICA

GH 9|5

1 Los verbos | Die Verben

1.1 Los verbos en -er e -ir | Die Verben auf -er und -ir

comer

A veces	com**o**	en el restaurante «Don Quijote».
Sarah, ¿siempre	com**es**	en casa?
Javi	com**e**	mucho en el colegio.
A veces también	com**emos**	en la Plaza San Blas.
¿Vosotros	com**éis**	en la panadería de los padres de Sarah?
Esteban y Javi	com**en**	en la hamburguesería.

vivir

Elena:	viv**o**	en la Avenida Adolfo Muñoz Alonso.
Esteban, ¿	viv**es**	por aquí?
Javi	viv**e**	en una calle con una hamburguesería.
Ahora	viv**imos**	en Alicante.
¿Vosotros	viv**ís**	en el barrio San Blas?
Los chicos	viv**en**	en España.

GH 9|6

1.2 El verbo ver | Das Verb ver

ver

Por supuesto	v**eo**	la calle.
¿Tú	v**es**	el cibercafé?
Él	v**e**	el kiosco.
Nosotros	v**emos**	el restaurante.
Vosotros	v**eis**	la panadería.
Ellos	v**en**	la tienda.

GH 10|7

2 El artículo indeterminado | Der unbestimmte Artikel

singular	**un**	libr**o**	**una**	sill**a**
	un	restaurant**e**	**una**	call**e**
	un	hote**l**	**una**	ciuda**d**
plural		libro**s**		silla**s**
		restaurante**s**		calle**s**
		hotel**es**		ciudad**es**

GH 10|7

3 El pronombre interrogativo quién | Das Fragewort quién

¿**Quién** es Javi?
¿**Quiénes** son Javi y Elena?

EJERCICIOS FACULTATIVOS

1 a Completa las frases. | Ergänze yo, tú, él / ella, nosotros / nosotras, vosotros / vosotras, ellos / ellas und schreibe den Dialog in dein Heft.

Ana: Mira, ésta es la calle Goya. Aquí vivo [...]. Y [...], ¿dónde vives?
Juan: Pues en la calle Pintor Gisbert.
Ana: Ah, allí cerca vive Elena. [...] vive en la Avenida Adolfo Muñoz Alonso. En la esquina hay una academia de danza. Allí aprendemos baile español.
Juan: ¿Qué? ¿[...] aprendéis baile español?
Ana: Pues sí, [...] aprendemos baile español. ¿Y qué?
Juan: Vale, vale … Pues Manuel y [...] aprendemos alemán.
Ana: ¿Qué? ¿[...] aprendéis alemán?
Juan: Ana, por favor[1], ¡basta ya!

1 por favor *bitte*

b Escribe seis frases con yo, tú, él / ella, nosotros / nosotras, vosotros / vosotras, ellos / ellas en tu cuaderno. | Verwende die neuen Verben der Lektion (S. 132–133).

18|3 **2** Completa las frases con un / una o el / la. | Ergänze die Sätze mit un / una oder el / la.
▸▸ Resumen 2, p. 31

3 Formula las preguntas.
Utiliza: ¿qué?, ¿quién?, ¿quiénes?, ¿dónde?

20|8
20|9

4 Jugad en parejas con un dado. | A sucht sich ein Verb aus der Liste aus. B würfelt und nennt die konjugierte Form. Wechselt euch ab ▸▸ Resumen 1, p. 31

19|4
19|5

vivir descubrir aprender
comer leer escribir ver creer

⚀ yo ⚁ tú ⚂ él / ella ⚃ nosotros / nosotras
⚄ vosotros / vosotras ⚅ ellos / ellas

5 Forma frases. | Bilde Sätze. Denke daran, die Verben im Infinitiv zu konjugieren.

▸ p. 102
19|6
19|7

1. En la Plaza Puerta del Mar		la ciudad.
2. San Blas	*leer*	cibercafés.
3. José Enrique	*escribir*	un e-mail.
4. Esteban	*tomar*	un barrio de Alicante.
5. Alicante	*ser*	tiendas.
6. En la calle Colón sólo	*descubrir*	revistas en alemán.
7. Sarah		restaurantes, tiendas y … ¡mucho más!
8. Por aquí sólo	hay	el e-mail de Esteban.
9. Esteban		una ciudad en España.
10. Los amigos		un helado.

¡ANÍMATE!

ESPAÑA EN DIRECTO

1 Mira las fotos. | Wo kannst du welche Produkte kaufen?

Mi barrio[1]

En mi ciudad hay[2] un[3] barrio,
es el barrio de San Juan.
Es mi barrio, sí, es mi barrio.
En mi barrio hay una calle,
es la calle Zamora.
Es mi calle, sí, es mi calle.
En mi calle hay una casa,
es la casa número 13.
Es mi casa, sí, es mi casa.
En mi casa hay una habitación,
es mi habitación, sí, es mi habitación.
En mi habitación hay una mesa,
es mi mesa, sí es mi mesa.
En mi mesa hay un libro,
es mi libro, sí, es mi libro.
Y en el libro hay un poema[4]
«En mi ciudad hay un barrio …»

1 el barrio *das Wohnviertel*
2 hay *es gibt*
3 un/a *ein/e*
4 el poema *das Gedicht*

1|31

2 a Escucha y lee el poema.

b Lies das Gedicht laut vor. Achte dabei auf den Rhythmus.

Hace frío.
Hace mucho frío.
Hace muchísimo frío.

¡Qué calor hace!
Hace sol, ¡qué bien!

Hace buen tiempo.
Hace mal tiempo.
Mira, ¡está lloviendo!

Es ist kalt.
Es ist sehr kalt.
Es ist furchtbar kalt.

¡Was für eine Hitze!
Die Sonne scheint, toll!

Das Wetter ist gut.
Das Wetter ist schlecht.
Sieh mal, es regnet!

3 Lest die spanischen Sätze abwechselnd zu zweit laut vor.
Eine/r ist gut gelaunt, eine/r ist schlecht gelaunt – das sollen alle hören!

4 Schreibt die Sätze auf
- die man für gutes Wetter verwenden kann
- die man für schlechtes Wetter verwenden kann.

3

EN CASA

¡ACÉRCATE!

1|32

Hier lernst du
- ein Zimmer zu beschreiben.

Encima de la cama está «mi rincón de los deportes», ¿ves?

Y aquí, al lado de la cama, está el escritorio para estudiar, para leer y … ¡el ordenador para chatear! Genial, ¿no?

Mira: éste es mi rincón favorito, entre la estantería y la ventana. Aquí escucho música y leo revistas.

COMPRENDER

1 ¿Qué hay en la habitación de Esteban? | Was gibt es alles in Estebans Zimmer?

▸ p. 102

24|1

En la habitación de Esteban hay | un / una | [•••].

ESCUCHAR Y REPETIR

1|33

2 Escucha, lee y repite. | Höre zu und lies mit. Da, wo eine Lücke steht, hörst du erst zu und sprichst dann nach.

▸ p. 102

1. Ésta es [...] de Esteban.
2. La mochila está al lado [...].
3. Allí [...] música.
4. Encima de la cama está [...] de los deportes.
5. ¿Dónde está [...]?
6. Está [...] la puerta.

ESCUCHAR

1|34
25|4

3 ¿Dónde están las pelotas? Escucha y apunta el número del dibujo. | Wo sind die Bälle? Höre zu und notiere die Nummer der entsprechenden Zeichnung.

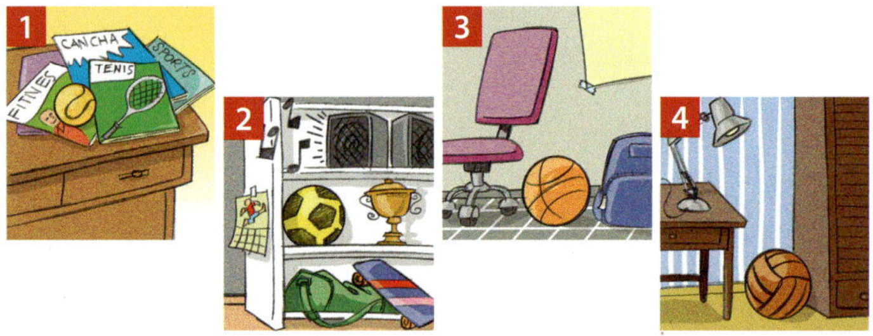

VOCABULARIO

4 a Encuentra los sustantivos. Escribe también el artículo determinado. | Finde die Wörter wieder. Schreibe sie mit dem bestimmten Artikel (el / la) auf.

1. htainabicó
2. acma
3. ercositroi
4. lráaapm
5. aramiro
6. orandoder
7. esíatnerta
8. paetol

b ¿Qué hay en tu habitación? Haz una lista.
Ejemplo: En mi habitación hay una cama, …

HABLAR

▸ p. 102
24|2
25|3

5 Mira las fotos de las páginas 36 y 37 y formula tres adivinanzas para tu compañero / tu compañera. | Formuliere Rätsel für deinen Nachbarn / deine Nachbarin. Wechselt euch ab.

Está	encima enfrente al lado	del [...]. de la [...].
	entre el / la [...] y el / la [...].	

Está al lado del escritorio.

Es la mochila.

de + el = del (escritorio)

YA LO SÉ

P

6 Dibuja y presenta tu habitación o la habitación de tus sueños. | Zeichne dein (Traum-)Zimmer und beschrifte die Einrichtungsgegenstände. Stelle deine Zeichnung der Klasse vor.

En mi habitación En mi rincón favorito	hay	un … una …

Aquí está	el … la …

La cama está	…	del … de la …

Ésta es la habitación de mis sueños.
En mi habitación hay …

Hier lernst du
- zu sagen, wo sich etwas befindet.

¿DÓNDE ESTÁ MI LIBRO?

1|35
26|1
26|2

1 Escucha el diálogo. | Ana hat ihr Spanischbuch zu Hause vergessen. Sie ruft ihren Bruder Juan an. Er soll es ihr mitbringen. Aber wo ist es? Höre dir das Gespräch an und sprich leise mit.

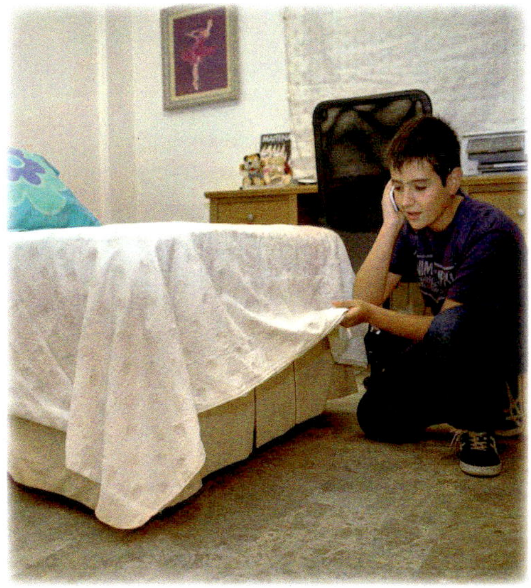

Ana: ¡Hola, Juan!, soy yo, Ana. Oye, estoy en el colegio y necesito mi libro de Español.

Juan: ¿Otra vez? Seguro que tu libro está en tu mochila …

Ana: No, allí no está. Mira en mi habitación, por favor.

Juan: Vale, vale, aquí estoy. ¿Dónde está tu libro?

Ana: ¡Ni idea, Juan! Mira en la estantería.

Juan: No, en la estantería sólo hay revistas de ordenadores y un libro de baile español.

Ana: ¿Y no está al lado del ordenador?

Juan: Tampoco.
Ana: ¿Y debajo de la cama?
Juan: Sí, ¡aquí está!
Ana: ¡Mi libro! Gracias, Juan, hasta luego.

1|36
26|3

2 Escucha, lee y repite el diálogo. | Höre zu und lies mit. Da, wo eine Lücke ist, hörst du erst zu und sprichst dann nach.

Cristina: ¿Dónde está mi pluma?
Pedro: Ni idea. [...] está en tu estuche.
Cristina: No, allí [...].
Pedro: ¿Y no está entre tus cuadernos?
Cristina: No, [...].
Pedro: Mira [...] tu mochila.
Cristina: No, [...] mi mochila solo hay una pelota.
Pedro: ¿Y debajo de tus libros?
Cristina: Sí, [...]. ¡Gracias!

3 Preparad el diálogo en parejas. | **A** ruft an und bittet **B**, für ihn / sie das dringend benötigte Spanischbuch zu suchen.

A

(Ring … ring …)
¡Hola, [...], soy yo, [...].
Oye, estoy en el colegio y necesito mi libro de español.

B

¿Otra vez? Seguro que tu libro está en tu mochila / entre tus cuadernos / …

A

No, allí no está.
Mira por favor en mi habitación.

B

Vale, vale, ya estoy en tu habitación.
¿Dónde está tu libro?

A

¡Ni idea! Por favor, mira …

encima debajo al lado	de la cama. de la estantería. del armario. …

B

No, allí no está.

Encima Debajo Al lado	de la cama de la estantería del armario [...]	hay	cedés. una revista. una pelota. …

A

Mira …

encima debajo al lado	del escritorio. de la lámpara. del ordenador. …

B

No, allí tampoco está. / No, tampoco.

A

¿Y no está …

entre [...] y	el armario? el escritorio? la cama? la ventana?

B

¡Sí, aquí está tu libro de español!

ELENA Y SUS COSAS

Hier lernst du
- eine Wohnung zu beschreiben,
- auf etwas hinzuweisen.

1|37

Elena y su madre viven en un piso de la Avenida Adolfo Muñoz Alonso. La madre de Elena es médica y trabaja en un hospital cerca de casa. Ahora llega a casa con Paco, su compañero.

Madre: ¡Elena! … ¿Dónde estás?
Elena: Estoy en mi habitación. Mamá, ¿dónde está mi móvil?
Madre: Ay, Elena, ¡otra vez! Seguro que está en tu chaqueta, como siempre.
Elena: No, mamá, el móvil no está allí.
Madre: Pues muy bien. Así hablas más con tu madre y menos con tus amigos.
Elena: Mamá, ¡por favor! Necesito mi móvil.
Madre: ¿Y no está en el salón?
Elena: Tampoco.

La madre mira por la puerta del salón y ve un montón de cedés: encima de la mesa, debajo de la mesa, al lado de la mesa y también en el sillón.

Madre: Elena, ¡tus cedés todavía están en el salón …!
Elena: Sí, ¡y tus revistas también! ¡Pero mi móvil no!
Madre: Bueno, bueno …, ¿y en tu mochila?
Elena: En mi mochila sólo están mis cosas del cole. Oye, mamá, ¿Paco no está?
Madre: Sí, sí, está en la cocina. Ya es casi hora de comer …

Elena: ¡Mi móvil! ¡Es mi móvil! … Aquí está … ¡en el baño!
Madre: ¡Ay, no!

COMPRENDER

1 Lee y ordena las frases sobre el texto. | Lies die Sätze und bringe sie in die richtige Reihenfolge.

I/O ▸ p. 103
28|1

- La madre ve en el salón un montón de revistas y cedés.
- Elena habla con Sarah y Javi.
- El móvil no está en la mochila.
- Ya es casi hora de comer.
- El móvil está en el baño.
- Elena está en su habitación y busca su móvil.
- La madre de Elena y su compañero llegan a casa.

ESCUCHAR Y REPETIR

1|38

2 Escucha y repite las palabras.

habitación casa pizarra
siempre tiza piso cedé
frase cocina profesor

1|39

3 Escucha las frases y repite.

1. El cine está cerca del cibercafé, en el centro de la ciudad.
2. El profesor escribe una frase con tiza en la pizarra.

VOCABULARIO

1|40

4 Escucha. ¿Dónde está Elena? | Höre gut zu.
In welchem Raum befindet sich Elena?

Elena está en …

5 A jugar. | Einer von euch nimmt ein Wort der Lista cronológica, Seiten 127–136, die anderen überlegen Fragen, um das Wort zu erraten. Es darf nur mit sí oder no geantwortet werden.

¿Está en la habitación?
Sí.
¿Es un boli?
No.

¿Es para escribir?
Sí.
¿Es el ordenador?
Sí.

DESCUBRIR

6 Lee las frases. | Wo steht das Verneinungswort im Spanischen? Achte auf das Verb.
▸▸ Resumen 3, p. 45

– Seguro que tu móvil está en tu chaqueta. – No, mamá, **no** está allí.
– El padre de Elena **no** vive en Alicante.

▸ p. 103
29|6

7 Ordena las frases. | Stelle die Sätze wieder her. ▸▸ Resumen 3, p. 45

1. busca / de / Elena / la / no / móvil / madre / el
2. chaqueta / móvil / la / no / el / en / está
3. vive / el / Alicante / no / en / padre / Elena / de
4. en / no / hospital / Paco / el / trabaja
5. el / aprende / en / Elena / no / colegio / alemán

HABLAR

8 A zeigt auf einen Gegenstand im Klassenraum und benennt ihn falsch. B korrigiert.
Wechselt euch ab. ▸▸ Resumen 3, p. 45

Mira, una mesa.
No, no es una mesa, es una pizarra.

9 29|7 29|8 30|9 Estebans Vater räumt das Wohnzimmer auf und fragt seinen Sohn, von wem die herumliegenden Sachen sind. Bereitet die Minidialoge vor und wechselt euch ab. ▸▸ Resumen 4, p. 45

– ¿Éste – ¿Ésta	es tu [...]?	– Sí, es mi [...]. – No, es el / la [...] de [...].
– ¿Éstos – ¿Éstas	son tus [...]?	– Sí, son mis [...]. – No, son los / las [...] de [...].

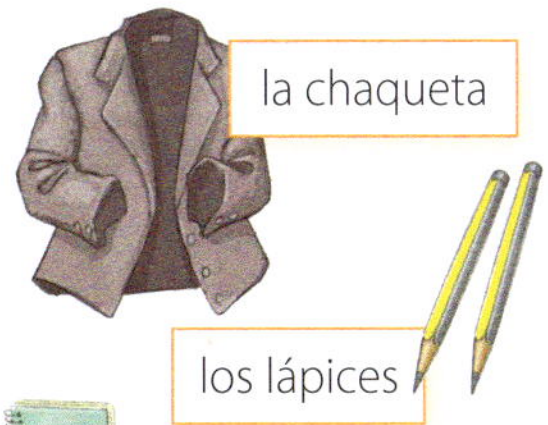

10 ¿Dónde estás? | Wo bist du? Du hast dich mit einer Freundin im barrio San Blas verabredet, aber du findest sie nicht und rufst sie an. Schaue die Zeichnung von San Blas an, und wähle aus, wo du bist. Danach wechselt ihr euch ab. ▸▸ Resumen 1, p. 45

¡Hola, [...]! ¿Dónde estás?

Estoy en [...], ¿y tú?

Estoy en [...].

11 30|11 Wo sind meine Sachen? Juan muss seinen Rucksack für die Schule vorbereiten und fragt seine Schwester Ana, wo seine Sachen sind. Bereitet die Minidialoge vor und wechselt euch ab.
▸▸ Resumen 4, p. 45

12

Estás en un albergue juvenil y hablas con un compañero español. | Du bist in einer Jugendherberge und erklärst einem spanischen Jugendlichen mit Hilfe einer Broschüre, wo sich welche Räume befinden.

Aquí hay un [...] / una [...].
Éste / Ésta es el / la...

El [...] La [...]	está	al lado de [...]. enfrente de [...]. entre [...] y [...]. en [...].

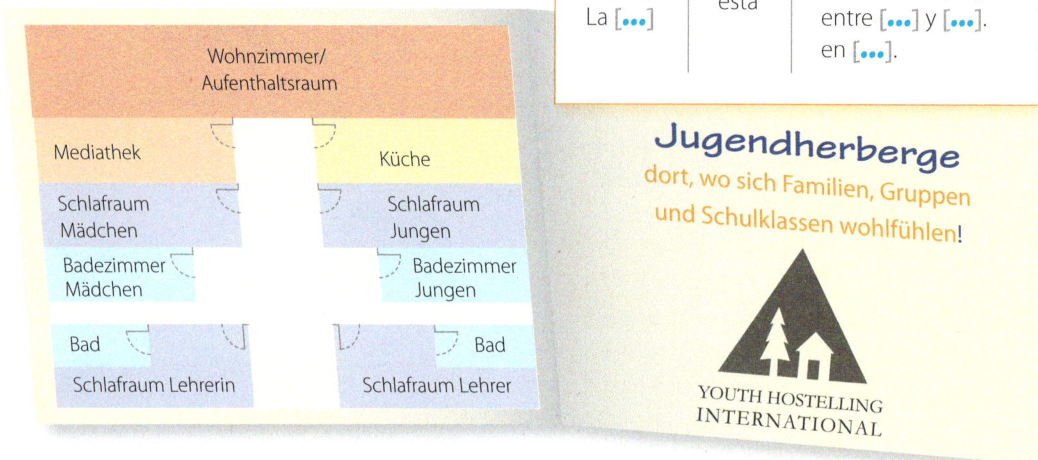

ESCUCHAR

13

1|41

▸ p. 103

a Ana habla sobre su piso. Escucha. | Ana beschreibt ihre Wohnung. Übertrage den Wohnungsgrundriss in dein Heft. Höre zu und trage die spanischen Bezeichnungen für die Zimmer ein.

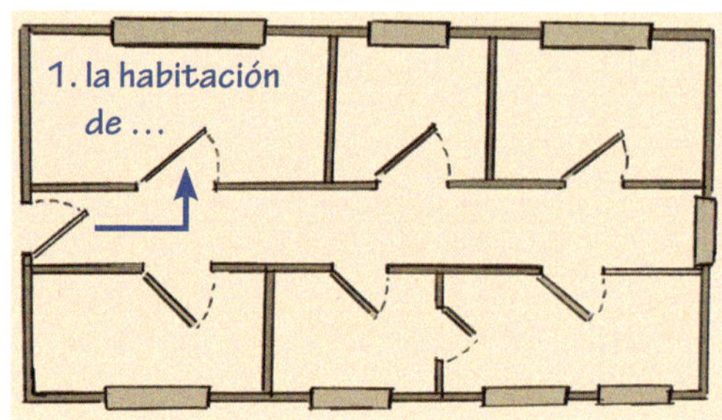

30|10

b Escucha otra vez. ¿Dónde está la madre? ¿Qué hay en la habitación de Juan? ¿Dónde está Juan?

APRENDER MEJOR

14

Vokabeln leichter behalten (I)
Sucht Wörter, die eine Wohnung beschreiben. Einer von euch sucht im ¡Acércate!, Seiten 36 und 37, und der andere im Texto, Seite 41. Legt danach zusammen eine Karteikarte an. Schreibt alle männlichen Begriffe in blau und die weiblichen in rot.

Destreza
Hier findest du einige Tipps, um sich neue Wörter einzuprägen.
- Ordne die Wörter, die zu einem Thema gehören, in einer Mindmap. Das Thema steht in der Mitte.
- Ordne die neuen Wörter paarweise an: la madre – el padre.
- Du kannst auch Klebezettel an die entsprechenden Stellen kleben. Beispiel: An deinen Schreibtisch klebst du einen Zettel mit der Aufschrift mi escritorio.

▸▸ Destrezas 4, p. 111

PUNTO FINAL 3

15

P Dibuja y presenta tu piso o tu piso ideal. | Zeichne deine (Traum-)Wohnung und stelle deine Zeichnung deiner Klasse vor. ▸▸ Destrezas 1, p. 115

RESUMEN DE GRAMÁTICA

1 Los verbos | Die Verben

GH 11|9 ### 1.1 El verbo estar | Das Verb estar

	estar	
Mamá,	est**oy**	en mi habitación.
¿Dónde	est**ás**?	
Paco	est**á**	en la cocina.
Sí,	est**amos**	en la casa de Javi.
¿Vosotros	est**áis**	cerca de casa?
Rafa y Raúl	est**án**	en el colegio.

GH 11|10 ### 1.2 El uso de ser y estar | Der Gebrauch von ser und estar

Es Diego.
Es de Alicante.
Es alumno.

Diego **está** en la calle.
Su casa **está** al lado de la panadería.

GH 12|11 ## 2 El artículo contracto del | Der zusammengezogene Artikel del

La pluma está encima **del** libro.
de la mesa.
de los cuadernos.
de las carpetas.

GH 12|12 ## 3 La negación | Die Verneinung

El móvil de Elena **no** está en el salón, está en el baño.
¿Hay un hotel por aquí cerca? – No, por aquí **no** hay un hotel.

GH 13|13 ## 4 El determinante posesivo | Der Possessivbegleiter

	singular			plural	
mi	libr**o**	plum**a**	**mis**	libr**os**	plum**as**
tu	libr**o**	plum**a**	**tus**	libr**os**	plum**as**
su	libr**o**	plum**a**	**sus**	libr**os**	plum**as**

GH 13|14 ## 5 para + infinitivo | para + Infinitiv

En mi habitación hay un ordenador **para** chatear.
Aquí está el escritorio **para** leer y estudiar.

EJERCICIOS FACULTATIVOS

▸ p. 104

1 ¿De quién son las cosas? | Sage, wem die Sachen gehören.

de + el = del

1 la hermana de Esteban

2 el amigo de Esteban

3 el compañero de Esteban

4 la profesora de Esteban

5 el padre de Esteban

6 la madre de Esteban

El escritorio es de la hermana de Esteban.

2 ¿Para qué son las cosas? Escribe las frases en tu cuaderno.

1. Los libros son
2. El ordenador es
3. El rincón favorito es
4. El escritorio es
5. El móvil es

para escuchar música. para leer. para hablar. para chatear. para estudiar.

28|3 **3** Completa las frases con una forma de estar. ▸▸ Resumen 1, p. 45

28|4
29|5

4 Completa los diálogos con una forma de **ser** o **estar**. ▸▸ Resumen 1, p. 45

1a – Éstos [...] tus libros, ¿verdad?
– No, [...] los libros de Isabel.

2a – ¿Quién [...] Raúl?
– [...] el padre de Juan. [...] profesor.

3a – Éste [...] mi rincón favorito.
– ¡Genial!

4a – Nosotros [...] de Colombia, y vosotras, ¿de dónde [...]?
– Ella [...] de Alemania y yo [...] de Argentina.

1b – ¿Dónde [...] los libros?
– [...] en la estantería.

2b – Rafa, ¿dónde [...]?
– [...] en mi habitación, mamá.

3b – ¿Dónde [...] tu habitación?
– [...] al lado del salón.

4b – Vosotros [...] en la clase de Laura, ¿verdad?
– Sí, [...] en su clase.

5 **¿Dónde están los móviles? Observa el dibujo. | Wo sind die Handys? Schaue dir die Zeichnung an.**

▸ p. 104

El móvil	está	encima enfrente al lado debajo	del [...]. de la [...].
		entre el / la [...] y el / la [...].	

6 a **Describe la habitación de Carmen: ¿dónde están las cosas?**

▸ p. 104

la ventana
la pelota
la lámpara
la silla
los libros
el móvil

la habitación de Carmen

b **Vergleiche mit deinem Partnern / deiner Partnerin, wo sich die Sachen von a befinden.**
Ejemplo: En la habitación de Carmen la ventana está ...

7 a **Busca las parejas.**

el barrio aquí la cama éste es también sí un libro entre debajo de mis la habitación el médico / la médica

la calle encima de no ésta es tampoco el piso allí el escritorio al lado de un cedé el hospital tus

b **Utiliza palabras de a para escribir frases sobre Elena, Esteban, Sarah y Javi.**
También puedes utilizar los verbos: buscar, estar, necesitar, ser, trabajar, vivir.

Escribe frases positivas y negativas

REPASO 1 UNIDADES 1–3

Hier kannst du die Vokabeln und die Grammatik wiederholen, die du in den Unidades 1–3 gelernt hast.
Das Arbeitsblatt zu Repaso 1 findest du unter www.cornelsen.de/webcodes APU-1-40

ESCUCHAR

1|42

1 Escucha y corrige.

1. La madre de Elena habla con Sarah.
2. Elena está en la cocina.
3. Elena busca sus libros.
4. Están en su mochila.
5. Javi está en la calle.

VOCABULARIO

2 a Busca el intruso.

1. estudiar – hablar – escuchar – leer – escribir – trabajar
2. el amario – la puerta – la mesa – la silla – el cuaderno
3. la profesora – el médico – la clase – el alumno – la pizarra

b Forma frases con los intrusos. | Wer bildet den längsten Satz?

3 a Schau dir die Vokabelliste S. 135–137 an:

1. Bei welchen Wörtern findest du einen Hinweis auf ein englisches Wort?
2. Was musst du bei dem Verb estar beachten?
3. Wie sagt man „Hier ist es!" auf Spanisch?

b Ergänze die Lücken in der rechten Spalte. Dein Nachbar / Deine Nachbarin kontrolliert die Lösung.

APRENDER MEJOR

4 **Vokabeln leichter behalten (II)**
Schaue dir dir Vokabeln der **Unidad 3** (S. 134–137) an und überlege: Welche Wörter kannst du dir leicht merken? Welche Wörter findest du schwierig? Wiederhole diese Wörter regelmäßig, am besten einmal in der Woche.

debajo de

La silla está **debajo de** la mesa.

Destreza
Um neue Wörter wirklich zu behalten, musst du sie regelmäßig wiederholen. Du kannst zum Beispiel schwierige oder wichtige Wörter auf Karteikärtchen notieren. Notiere jeweils ein Wort auf einer Karte und schreibe die deutsche Übersetzung auf die Rückseite. Du kannst auch ein Bild dazu malen oder einen Beispielsatz. Mit diesen Kärtchen kannst du auch unterwegs lernen.
▸▸ Destrezas 2, p. 110

PRACTICAR

5 Corrige. | Esteban hat eine E-mail verschickt. Was fehlt in diesem Text?

Holx, José, ¿qué txl?
xquí estxmos, en xlxcxnte. Vxvxmos en el bxrrxo Sxn Blxs, mxs xmxgos txmbxén vxven xquí. Por xquí cercx hxy un estxdxo (es el estxdxo de xlxcxnte), un cxstxllo, unx plxyx y ¡mucho más!

6 Completa con mi, mis, tu, tus, su, sus.

Carlos: Mira, ésta es [...] hermana. Al lado está [...] amiga Carmen. [...] padres son de Costa Rica.
Ana: ¿Y de dónde son [...] padres?
Carlos: ¿[...] padres? Pues, son de Alicante, ¡claro!.
Ana: ¿Cómo se llama [...] hermana?
Carlos: Se llama Mónica.

7 Completa con los verbos. Utiliza una forma de:

Pedro [...] de Madrid, pero ahora [...] en Alicante, en la calle Mayor. La madre [...] profesora, el padre [...] médico y [...] en un hospital muy cerca. Su casa [...] al lado de un cibercafé. Allí, Pedro [...] y [...] e-mails o [...] con sus amigos de Madrid. Pedro [...] el barrio con sus amigos del colegio. Allí hay una plaza con un kiosco. A veces los chicos [...] un helado. En casa, Pedro [...] cedés o [...] en su habitación.

chatear descubrir
escuchar escribir
estar estudiar
leer ser tomar
trabajar vivir

8 Haz una pregunta a tu compañero / tu compañera. Él / Ella contesta. Utiliza:

¿Dónde está / están [...]?
¿Quién es él / ella?
¿Quiénes son los chicos / las chicas allí?
¿Cómo se dice [...] en alemán / español?
¿Cómo se escribe la palabra [...] en español?
¿Qué tal [...]?
¿Cómo se llama el chico / la chica al lado de [...]?

¿Dónde	vives? vive [...]?

ACTIVIDADES

9 Describe el piso de Elena. Utiliza:

La cocina [...]	está	al lado enfrente	de la del	[...].
		entre el / la [...] y el / la [...].		

4

LA FAMILIA Y LOS AMIGOS

¡ACÉRCATE!

1. Fabio es el ~ de Luis.
2. Marta es la ~ de Manuel
3. Carmen es la ~ de Carlos.
4. Carmen es la ~ de Javi.
5. Cristina es la ~ de Javi.
6. Julio es el ~ de Cristina.

15. Mercedes y Fabio son los ~ de Javi.
16. Marta es la ~ de Luis.
17. Vera es la ~ de Rafa.

18. Julio es el ~ de Carmen.
19. Vera es la ~ de Carmen.
20. Carlos es el ~ de Javi.

ESCUCHAR

1|43
1|44

1 a Escucha y busca las personas en el cuadro de la página 51. | Javi stellt seine Familie vor. Hört zu und zeigt euch gegenseitig auf dem Stammbaum die Person, von der Javi gerade spricht.

b Escucha y repite. | Höre dir an, was Javi sagt und sprich leise mit.

c Escucha y completa. | Höre zu und ergänze die fehlenden Wörter. Sprich sie laut.

Hier lernst du
- dich und deine Familie vorzustellen.

14. Pablo es el ~ de Javi.

13. Manuel es el ~ de Luis.

12. Rafa es el ~ de Javi.

11. Antonia es la ~ de Carlos.

10. Cristina es la ~ de Rafa.

7. Carlos es el ~ de Cristina.

8. Manuel es el ~ de Pablo.

9. Gonzalo es el ~ de Pablo.

JUGAR

2 ¡A jugar!

33|1
33|2
33|3

Spielregeln: Ihr benötigt einen Würfel pro Gruppe und einen Spielstein pro Spieler/Spielerin. Bildet Vierer-gruppen und wählt einen Spielleiter. Jede/Jeder würfelt der Reihe nach, zieht auf das entsprechende Feld, vervollständigt den Satz und liest ihn vor.
Die Spielleiter überprüfen die Antwort (Lösung S. 160). Ist der Satz nicht richtig, so kehren die Spieler zu dem Feld zurück, von dem sie gewürfelt haben. Wer zuerst beim Stammbaum angekommen ist, hat gewonnen.

¿CUÁNTOS AÑOS TIENES?

Hier lernst du
- zu sagen, wie alt du bist,
- zu sagen, ob/wie viele Geschwister du hast.

1|45

1 Escucha el diálogo. | Teresa schreibt einen Artikel über die neuen Schüler für die Schülerzeitung und interviewt Pedro. Höre dir das Gespräch an. Dann höre es noch einmal an und sprich leise mit.

Teresa: Oye, Pedro, ¿cuántos años tienes?
Pedro: Tengo doce años. Pero el sábado es mi cumpleaños y cumplo trece años.
Teresa: ¿Tienes hermanos?
Pedro: Sí, tengo una hermana y un hermano.
Teresa: ¿Cómo se llaman?
Pedro: Se llaman Antonia y Pablo.
Teresa: Y ahora, ¿dónde vives?
Pedro: Vivo en la calle Pintor Gisbert 12, 1 A. Está cerca de la plaza San Blas.
Teresa: Ah, pues yo vivo allí cerca, en la calle Murcia 5, 2 B. Oye, ¿tomamos una horchata en la heladería de la plaza San Blas?
Pedro: Vale, muy bien.

1|46
35|2

2 Escucha, lee y repite. | Höre zu und lies mit.
Da, wo eine Lücke ist, hörst du zu und sprichst dann nach.

1. Wie alt bist du?
   - Juan, ¿[…]?
   - […]. ¿Y tú?
   - Tengo doce años. Pero mañana […].

2. Hast du Geschwister?
   - Juan, ¿[…]?
   - Sí, […]. Y tú, ¿también tienes hermanos?
   - Sí, yo […]. ¿Y tú, Carlos?
   - No, yo […].

1|47
35|3

3 a Escucha y repite los números. | Du möchtest sagen, wie alt du bist. Höre zu und sprich die Zahlen bis 20 nach.

b Haz la pregunta, escucha y repite la respuesta. |
Frage nach dem Alter und wiederhole anschließend die Antworten.
Präge dir die Frage und die Antworten ein.

Tengo	once doce trece catorce quince dieciséis diecisiete dieciocho diecinueve veinte	años.

c Fragt euch nun gegenseitig nach dem Alter.

4 Jede/Jeder sucht sich einen Namen aus. Fragt euch gegenseitig nach dem Alter und findet heraus, wie der/die Andere heißt.

Manuel, 13 Puri, 12 Ana, 14 María, 16
Rafa, 17 Vera, 15 Tomás, 11
Paco, 20 Roberto, 18 Cristina, 10

1|48 //O ▸ p. 105

5 Escucha y contesta. | Gib Auskunft über dich. Höre dir alle Fragen an. Dann höre sie dir noch einmal an und antworte.

Me llamo [...]. / Yo soy [...].
Tengo [...] años.
Vivo en [...].
Tengo [...] hermanos / [...] hermanas. / No tengo hermanos.
Se llama [...]. / Se llaman [...].
Sí, hablo español.

//O ▸ p. 105 36|4

6 Hacer una entrevista. | Interviewt euch gegenseitig.

¿Cómo te llamas?
- Soy [...].
- Me llamo [...].

¿Tienes hermanos?
- Sí, tengo
  - un hermano. / [...] hermanos.
  - una hermana. / [...] hermanas.
- No, no tengo.

¿De dónde eres?
- Soy de [...].

¿Cómo se llama/n [...]?
- Se llama/n [...].

¿Dónde vives?
- Vivo en [...].
- Vivo en la calle [...].

¿Cuántos años tienes?
- Tengo [...].

¿Tomamos
- una horchata?
- un helado?
  - Vale, muy bien.

UN REGALO PARA JAVI

Hier lernst du
- Vorschläge zu machen,
- nach dem Grund zu fragen und zu antworten,
- etwas zu beschreiben.

1|49

La familia de Javi busca un regalo para su cumpleaños. No es muy difícil porque las actividades favoritas de Javi son ver películas, leer libros y tocar la guitarra. Cristina y Carlos, los primos de Javi, tienen una idea: comprar un cedé porque Javi siempre escucha música. Su madre, la tía de Javi, compra un libro, porque Javi lee mucho. Rafa, el hermano de Javi, compra entradas para el cine. Sus regalos son muy bonitos ... Sólo los abuelos de Javi tienen un problema.

También Elena, Sarah y Esteban buscan un regalo para su amigo. Están en casa de Sarah y charlan. ¿Un regalo interesante y bonito?

El padre de Sarah llega a casa. Tiene una panadería cerca de su casa.

COMPRENDER

37|1 **1 a** Apunta las actividades favoritas de Javi. | Im Text erfährst du viel über Javi. Was tut er gern? Suche Beispiele im Text und schreibe sie auf.

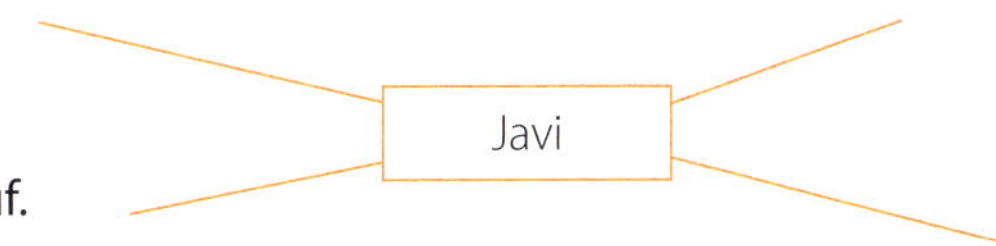

▸ p. 105 **b** La familia y los amigos buscan un regalo para Javi. ¿Qué ideas tienen?
Ejemplo: Comprar lápices de color: es la idea del abuelo.

comprar	lápices de color una entrada para el fútbol un cedé un libro entradas para el cine
preparar	una piñata un pastel

1|50 ▸ p. 105 **2** ¿Correcto o falso? | Richtig oder falsch?
Schreibe die Zahlen 1–6 in dein Heft.
Höre dann zu und schreibe c, wenn die Sätze richtig sind oder f, wenn sie falsch sind.

DESCUBRIR

3 a Schreibe die Tabelle in dein Heft und ordne das passende Adjektiv zu.

singular	plural
el libr**o** […]	los libr**os** […]
la ide**a** […]	las ide**as** […]

estupend**as** estupend**o**
estupend**os** estupend**a**

b Completa con la forma correcta de bonito/-a. | Vervollständige mit der richtigen Form von bonito/-a.

los colores […] – las chaquetas […] – la piñata […] – el cartel […] – la estantería […] – los regalos […] – la casa […] – el castillo […] – los libros […] – las ideas […]

4 a Schreibe die Tabelle in dein Heft und ergänze sie mit einem passenden Nomen.
▸▸ Resumen 4, p. 59

una película · los libros · las películas · un libro

singular		plural	
[...] genial	[...] interesante	[...] geniales	[...] interesantes
[...] genial	[...] interesante	[...] geniales	[...] interesantes

b Wie unterscheiden sich die Adjektive genial und interesante von den Adjektiven in Aufgabe 3?

VOCABULARIO

5 a Preparad en parejas un mapa mental con palabras y expresiones del texto de las páginas 54/55.

el cumpleaños

los regalos

b Lee las palabras de a. | Sprich die Wörter von a mehrere Male vor. ▸▸ Destrezas 6, p. 111

HABLAR

6 ¿Cuál es el regalo ideal para quién? | Welches ist das ideale Geschenk für wen? Schreibt eine Liste mit den Geschenken für eure Mitschüler.

Puedes usar también las palabras de 5.

Un cedé Un libro Una guitarra	es un regalo	bonito genial estupendo	para [...]	porque	siempre escucha música. siempre ve películas. es su deporte favorito. lee mucho.
Lápices de color	son un regalo				

7 Esteban y Clara presentan fotos de Costa Rica. | Esteban und Clara zeigen Fotos von Costa Rica.

Éste Ésta	es	nuestro nuestra	profesora de Español. regalos para Sarah. casa. barrio en Costa Rica. amigo Luis. primas. amiga Lucía.
Éstos Éstas	son	nuestros nuestras	

▸ p. 106

8 a Haced preguntas sobre Laura y Tomás. | **B** schlägt S. 105 auf und stellt Fragen über Laura. **A** antwortet, **B** notiert Stichpunkte.

b Stelle **B** Fragen über Tomás und notiere die Antworten.

¿Cuántos años tiene? | ¿Cómo se llama?

¿Dónde vive? | ¿Tiene hermanos?

¿Cómo se llaman sus amigos?

¿Y sus actividades favoritas?

Laura

12 años

hermano: Luis
calle Nueva, 6

amigos: Ana y Alberto

actividades favoritas:
leer libros, fútbol

c Tauscht eure Ergebnisse aus und korrigiert euch gegenseitig.

9 Im Urlaub lernst du einen spanischen Jungen kennen. Deine Schwester spricht kein Spanisch, hat aber viele Fragen. Frage für sie und dolmetsche die Antworten. Anschließend schlagt ihr ihm vor, mit euch ein Eis essen zu gehen. Spielt zu dritt.

1. Frage ihn, wie er heißt.
2. Und wie alt ist er?
3. Wo wohnt er?
4. Hat er Geschwister?
5. Was macht er gerne?

10 El sábado es el cumpleaños de Elena. Buscad un regalo para ella y preparad un diálogo. ¿Necesitas ideas? Lee otra vez el texto de las páginas 54/55. Utilizad:

¿Tenéis una idea?
No tengo ni idea.
Tengo una idea genial.
¿Por qué no compramos [...]?

¡Es	un regalo una idea	estupendo/-a! bonito/-a! genial!

Estupendo para ti, pero no para Elena.
Elena y [...] no son muy amigos/-as.
Ya tiene un montón de [...].
¡Pero por favor! ¡Elena no tiene cuatro años!

Vale, pues un / una [...].
Tienes razón. / Sí, es verdad.

+
leer
ver películas
baile español

–
fútbol
escuchar música
tocar la guitarra

ESCUCHAR

1|51

11 Escucha y mira los dos dibujos. | Höre zu. Welcher ist Pedros Geburtstagstisch?

APRENDER MEJOR

12 **Vokabeln lernen**

Probiere es gleich aus: Verstecke für deinen Partner / deine Partnerin sechs Wörter aus der Unidad 4 in einem Wortgitter.

u	g	w	z	c	o	m	p	r	a	r
y	x	k	t	e	n	e	r	ü	i	f
b	l	á	p	i	c	e	s	j	n	x
c	u	m	p	l	e	a	ñ	o	s	o

Destreza

Du kannst Vokabeln intensiv üben, indem du dir Aufgaben für andere ausdenkst. Das kann z. B. ein Kreuzworträtsel, ein Wortgitter oder eine Wortschlange sein.

▸▸ Destrezas 8, p. 112

PUNTO FINAL 4

13 a Pronto[1] es tu cumpleaños. Dibuja y escribe la invitación para tu fiesta. Utiliza el vocabulario del ejercicio 5.
¿Necesitas ideas? Mira la invitación de la página 54.

1 pronto *bald*

b Tus amigos y tú buscáis un regalo para un amigo / una amiga. Preparad un diálogo.

c Presentad el diálogo en clase.

RESUMEN DE GRAMÁTICA

GH 14|15 1 Los verbos | Die Verben

El verbo tener | Das Verb tener

	tener	
No	ten**go**	ni idea.
Sí,	**tie**nes	razón.
Paquito	**tie**ne	tres años.
Oye,	tenemos	un problema.
Chicos, ¿	tenéis	una idea?
Mis padres	**tie**nen	una panadería.

GH 15|17 2 ¿Por qué? y porque | ¿Por qué? und porque

Oye, Paco, ¿**por qué** lees el libro?
Leo el libro **porque** es interesante.

GH 14|16 3 El determinante posesivo | Der Possessivbegleiter

	masculino	femenino
singular	nuestr**o** amig**o** vuestr**o** amig**o** su amig**o**	nuestr**a** cas**a** vuestr**a** cas**a** su cas**a**
plural	nuestr**os** amig**os** vuestr**os** amig**os** sus amig**os**	nuestr**as** cas**as** vuestr**as** cas**as** sus cas**as**

GH 16|18 4 Los adjetivos | Die Adjektive

	masculino		femenino	
singular	Tengo **un** libr**o** … **El** regal**o** es …	estupend**o**.	Tengo **una** películ**a** … **La** ide**a** es …	estupend**a**.
	Tengo **un** libr**o** … **El** regal**o** es …	genial. interesante.	Tengo **una** películ**a** … **La** ide**a** es …	genial. interesante.
plural	Tengo libr**os** … **Los** regal**os** son …	estupend**os**.	Tengo películ**as** … **Las** ide**as** son …	estupend**as**.
	Tengo libr**os** … **Los** regal**os** son …	genial**es**. interesante**s**.	Tengo películ**as** … **Las** ide**as** son …	genial**es**. interesante**s**.

EJERCICIOS FACULTATIVOS

1 a Descubre el intruso.

1. el padre – la hermana – la abuela – la amiga – el primo
2. el e-mail – el ordenador – el lápiz – chatear – el internet
3. la fiesta – el cumpleaños – el regalo – los deberes – el pastel
4. tener un problema – ver una película – escuchar un cedé – leer un libro
5. bonito/-a – estupendo/-a – interesante – difícil
6. encima de – enfrente de – tampoco – debajo de

b Inventa un ejercicio con un intruso para tus compañeros.

2 a Forma frases. ▸▸ Resumen 3, p. 59

40|11
40|12

1. El sábado hay una fiesta en		regalos para Javi.
2. Mira, éste es	nuestro	ideas son siempre geniales.
3. En	nuestra	casa.
4. Éstos son	nuestros	barrio no hay un cine.
5. Oye, Elena, ¿tienes	nuestras	amigo Javi.
6. Claro,		entradas para el cine?

b La madre de Elena habla con los chicos. ¿Qué pregunta? Después formula las respuestas.
Tipp: Vergiss nicht, die Verben zu konjugieren! ▸▸ Resumen 3, p. 59

¡Hola, chicos! ¿De qué habláis?	De	vuestro vuestra vuestros vuestras	colegio, amigos, deberes, profesora, primas,	¿verdad?

No,	*hablar* de la película nueva. *estudiar* para el examen de español. *estudiar* juntos. *buscar* un regalo para [...]. *buscar* ideas para la fiesta del colegio. …

3 Escribe frases en tu cuaderno. | Wer findet die meisten Sätze? ▸▸ Resumen 4, p. 59

Los deberes El fútbol Las ideas La película El cartel El problema	*ser*	genial. nuevo/-a. interesante. difícil.

DELE **4** **Esteban escribe un e-mail a un chico de Alemania. Completa las frases con los adjetivos de al lado.**

39|9
39|10

Hola, Andreas:
¿Qué tal?
Me llamo Esteban y vivo en Alicante, en el barrio San Blas.

1. No es un barrio [...], pero es muy [...].	interesante, bonito/-a
2. Tengo dos hermanas: Paula tiene 14 años y Clara tiene 10. Clara es mi hermana [...].	favorito/-a
3. En el cole aprendo un montón de cosas [...], ¡son muy [...]¡	nuevo/-a, difícil
4. Mi amigo Javi tiene una guitarra [...], ¡es [...]!	nuevo/-a, genial
5. Mi habitación es [...], porque hay un montón de carteles.	bonito/-a
6. ¡Mi deporte [...] es el fútbol!	favorito/-a
7. No leo mucho, pero mi amiga Sarah es de Alemania y tiene un libro [...] con fotos de Hamburgo.	estupendo/-a

Hasta pronto,
Esteban

5 a **Sieh dir die Formen des Verbs tener an. Welche Besonderheiten gibt es?**

– tengo	– tenemos
– tienes	– tenéis
– tiene	– tienen

38|4
38|5

b **Completa las frases con la forma correcta del verbo tener.** ▸▸ Resumen 1, p. 59

1. – ¿[... / tú] hermanos?
   – Sí, [...] tres: dos hermanos y una hermana.
2. El sábado hay una fiesta en casa de Javi. [...] cumpleaños y cumple 12 años.
3. – Elena, Sarah, ¿[... / vosotras] el regalo para Javi?
   – ¡Sí, claro! Aquí está.
4. Los chicos [...] una idea genial: preparan un pastel para su amigo.
5. Los abuelos de Javi: «[... / nosotros] un problema: ¡Buscamos un regalo para Javi!»
6. El padre de Sarah [...] una panadería cerca de su casa.

1|52
1|53

6 a **Escucha los números y repite.**

b **Mira el cuadro y escucha. Apunta el número que falta en tu cuaderno.**

38|6
39|7

Facultativo

¡ANÍMATE!

ESPAÑA EN DIRECTO

1 Schaue dir in dem Familienfoto die Nachnamen von Esteban, Paula und Clara an. Woraus setzen sie sich zusammen?

2 Es ist Samstag und du willst Elena einen Brief schicken, aber du brauchst noch Briefmarken. Bis wann musst du bei der Post sein?

3 Schau dir die Adresse auf dem Brief an: Wo musst du klingeln, wenn du Elena besuchen willst?

ALGO PARA LEER

En las fiestas de cumpleaños en Costa Rica y en México siempre hay una piñata. Es una figura de muchos colores con chocolate y golosinas. Los niños tienen los ojos vendados y golpean la piñata para tomar los chocolates y las golosinas.

¡Es muy divertido!

Necesitas:

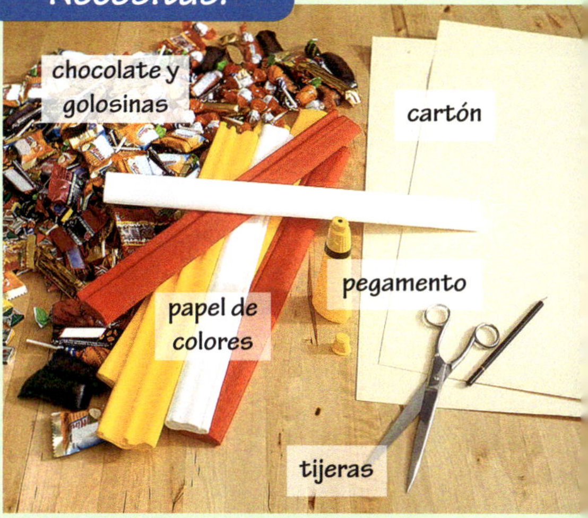

1

Dibujas la figura de tu piñata en dos piezas de cartón.

2

Cortas el cartón y unes las piezas con pegamento.

3

Decoras la piñata con el papel de colores.

4

Después rellenas la piñata con chocolate y golosinas.

1 Erkläre einem Freund, was eine piñata ist und was man damit macht.

¡QUE APROVECHE!

¡ACÉRCATE!

2|2

Hier lernst du
- über Essen und Trinken zu sprechen.

VOCABULARIO

1 a ¿Qué hay para comer y para beber en la fiesta? Apunta las palabras con el artículo indeterminado en tarjetas. ▸▸ Destrezas 2, p. 110
Tipp: Hebe w Karten auf. Du wirst sie später noch brauchen.

▸ 43|2

b Haced diálogos como en el ejemplo. | Verwendet zwei Karten für die Antwort.

▸ 43|3

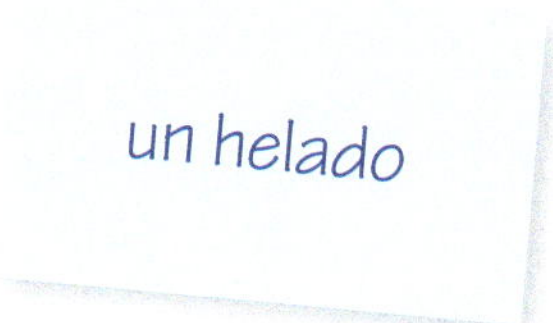

Lena, ¿qué tomas?

Para mí, un sándwich de jamón y un agua, por favor. Y tú, Tim, ¿qué tomas?

[...]

ESCUCHAR Y REPETIR

2|3

2 a Escucha y lee. | Wie werden ll und y ausgesprochen?

Goya allí calle ya bocadillo
playa yo tortilla ellos oye

2|3

b Escucha otra vez y repite.

c Cierra el libro. Escucha otra vez y escribe las palabras en tu cuaderno.

HABLAR

3 a Inventa combinaciones divertidas. | Erfinde lustige Kombinationen.

tortilla sándwiches zumo
pastel bocadillos

de

jamón patata queso
naranja cumpleaños

43|1

b En la fiesta de Javi. Relaciona. | Ein Gespräch auf Javis Geburtstagsfeier. Was gehört zusammen?

Utiliza tus tarjetas de vocabulario de **1a** y las palabras de **3a**.

¿Qué tomas?

¿Qué es esto?

¿Hay helados?

¿Tienes hambre?

No, pero tengo sed.

Para mí, un sándwich de queso y zumo de naranja.

Sí, y también hay caramelos.

Es ensaladilla rusa.

c Spielt die Szene.

▸ p. 106

4 Elena llega a casa de Sarah. Preparad un diálogo. |
Elena besucht Sarah. Bereitet den Dialog vor und spielt ihn.
„Sarah" schlägt S. 106 auf. ▸▸ Destrezas 2, p. 116

Tengo hambre, ¿hay [...]?

Elena ...

1. hat Hunger und fragt, ob es Schinkenbrötchen gibt.
3. fragt, wie man „Kartoffelsalat" auf Spanisch sagt.
5. nimmt Kartoffelsalat, probiert und sagt, dass er sehr lecker ist. Sie hat auch Durst und fragt, ob es Orangensaft gibt.
7. sieht das Wasser auf dem Tisch stehen und sagt es Sarah.
9. sieht noch etwas auf dem Tisch und fragt, was es ist.

Puedes utilizar:
Tengo hambre / sed.
Mira, hay [...]. / No hay [...], pero hay [...].
¡Qué rico!
¿Qué es esto?
¿Qué tomas?
¿Dónde está el agua?
Muchas gracias.
¡Que aproveche!

YA LO SÉ

5 Was kann man auf einer Party essen oder trinken? Nenne fünf Sachen.

Hier lernst du
- zu sagen, was du essen oder trinken möchtest.

¿QUIERES UN ZUMO O ...?

2|4

1 Escucha los diálogos. | Höre dir das Gespräch an und sprich leise mit.

Manuel: Pedro, ¿tienes hambre? ¿Quieres un bocadillo de queso o un bocadillo de jamón?
Pedro: Para mí, un bocadillo de queso.
Manuel: ¿Y tú, Cristina?
Cristina: ¡Qué rico! Yo quiero un bocadillo de jamón, por favor. Manuel, también tengo sed.
Manuel: ¿Qué quieres beber? Hay zumo y agua.
Cristina: Para mí, un zumo.
Manuel: ¿Y tú?
Pedro: Yo quiero un agua.
Manuel: ¿Quieres tortilla de patata, Cristina?
Cristina: No, para mí no.
Manuel: ¿Y tú, Pedro?
Pedro: Gracias, para mí tampoco.
Manuel: ¡Que aproveche!

2|5
44|2

2 Höre zu und lies mit. Da, wo eine Lücke ist, hörst du zuerst zu und sprichst dann nach.

1.
Ana: Manuel, [...]. Hay zumo y hay horchata.
Manuel: [...], una horchata, por favor.
Ana: ¿Y tú, Teresa?
Teresa: [...] zumo.

2.
Ana: ¿Tienes hambre? ¿[...] ensaladilla rusa?
Manuel: No, [...], gracias.
Ana: ¿Y tú, Teresa?
Teresa: Gracias, [...].

2|6
45|3

3 Escucha las preguntas y lee las respuestas. Escucha otra vez y contesta en voz baja. | Höre dir die Fragen an und lies die möglichen Antworten. Höre die Fragen noch einmal und beantworte sie leise.

- Sí, tengo hambre.
- Para mí un zumo.
- ¿Ensaladilla rusa? Sí, ¡qué rico!
- Para mí, un sándwich de jamón y un agua.
- Yo quiero tortilla de patata, por favor.
- Sí, también tengo sed.

2|7
44|1

4 ¿Qué toman los chicos? | Was essen / trinken die Jugendlichen? Höre zu und wähle aus.

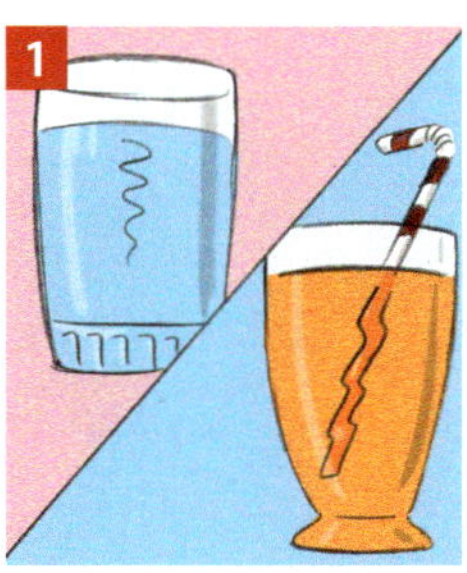

5 a En casa de Teresa. | Bei Teresa. Bringe die Sätze des Gesprächs in die richtige Reihenfolge. Schreibe es in dein Heft.

1. ¿Quieres un zumo o quieres un agua?
2. También hay helados. ¿Quieres?
3. ¡Que aproveche!
4. Quiero un bocadillo de queso, por favor. Teresa, también tengo sed.
5. Para mí, un zumo.
6. ¿Helados? Sí, gracias. ¡Qué rico!
7. Hola, Manuel. ¿Tienes hambre? Hay bocadillos de queso y ensaladilla rusa.

2|8

b Escucha el diálogo. | Höre das Gespräch und überprüfe deine Lösung.

45|4

6 Preparad el diálogo en parejas. | **A** besucht **B** nach der Schule. Übt den Dialog ein. Nach einem Durchgang tauscht ihr die Rollen.

A	B
	¿Tienes hambre? ¿Qué quieres comer? Hay bocadillos de queso y sándwiches de jamón. / ensaladilla rusa. / tortilla de patata.
Quiero [...], por favor. También tengo sed.	
	¿Quieres un zumo o quieres un agua? / una horchata?
¡Qué rico! Para mí, [...].	
	También hay pastel. / torrijas. / helados. ¿Quieres?
Sí/No, gracias.	
	¡Que aproveche!

TEXTO

EN LA FIESTA

Hier lernst du
- jemanden zu etwas aufzufordern,
- zu sagen, was du tun willst oder bevorzugst.

2|9
2|10

El sábado Elena, Sarah y Esteban están en la fiesta de cumpleaños. Buscan a Javi porque quieren saludar a su amigo. Los chicos ven al hermano, al padre y a la madre, pero no a Javi.

Madre: ¡Hola, chicos! Ya estáis aquí, ¡qué bien! Entrad, Javi está en el salón con sus primos.
Elena: Hola, Javi, ¡feliz cumpleaños!
Sarah: Toma, Javi, esto es para ti: una piñata y un pastel de cumpleaños.
Javi: ¡Qué guay! ¡Muchas gracias!
Chicos, Rafa y yo queremos ver una película mañana, ¿y vosotros? ¿Tenéis ganas?
Esteban: Yo sí.
Sarah y Elena: Nosotras también.
Javi: Quiero ver «Piratas del Caribe».
Sarah y Elena: No es nueva, pero bueno … ¿Y dónde? ¿En el cine Explanada?
Javi: Eh … , eh … ¡No sé!
Esteban: Bueno, no importa. Miramos en internet y buscamos la película, ¿vale?
Madre: Chicos, ¿tenéis hambre? ¿Queréis comer algo? Hay de todo: ensaladilla rusa, bocadillos de jamón y de queso, torrijas … A ver, Elena, ¿qué quieres beber?

Elena quiere un zumo de naranja y Sarah un vaso de agua. Los chicos beben, comen y hablan con los primos de Javi. Miran los regalos de cumpleaños:
En la mesa del salón hay un libro de historia con fotos y con un DVD (de la tía Vera), un cómic de «Zipi y Zape» (de los abuelos de Javi) y un cedé de Shakira (de Cristina y Carlos). Javi prefiere la música de Juanes, pero así son los regalos de cumpleaños: a veces son divertidos, a veces son un poco aburridos y a veces son estupendos: ¡al lado de la mesa hay una bicicleta nueva!

Javi: Mirad, chicos, éste es el regalo de mis padres: ¡qué guay!
Javi toma la bicicleta, la madre mira al chico con la bici y mira a la tía Vera: «Javi, ¡deja la bici y ten cuidado con …!»
Pero ya es tarde: Javi, la tía Vera y también la bici están en el suelo.
Madre: Ya está … pero, hijo, ¿qué pasa? Javi, a veces eres como un niño pequeño …
Javi: Perdona, tía, …
Pero ya la familia y los amigos cantan juntos:

COMPRENDER

▸ p. 106
DELE
46|1

1 Corrige el texto. ▸▸ Destrezas 2, p. 119
Javi está con su madre en la cocina. Es su cumpleaños y ya llegan sus amigos. Javi quiere ver una película con sus amigos. La película se llama «Harry Potter». Esteban busca en una revista un cine para ver la película. Elena quiere un vaso de agua y Esteban un zumo de naranja. Los chicos también tienen hambre. Hay bocadillos de jamón y de queso, ensaladilla rusa y torrijas. Los regalos de cumpleaños están en la cama de Javi: un libro de historia, una mochila, un cedé de Juanes y una bicicleta.

2 Pregunta a tu compañero / tu compañera sobre la fiesta. Él / Ella contesta.

¿quién? ¿quiénes?	*llegar* a la fiesta *estar* en el salón *tomar* la bicicleta *tener ganas* de ver una película …

APRENDER MEJOR

3 Gespräche auf Spanisch leichter verstehen

2|11

a Escribe una lista de 1 a 5 en tu cuaderno. Después escucha y apunta: ¿dónde están?

2|11 48|8

b Escucha otra vez y escribe las respuestas en tu cuaderno.

1. ¿Qué quiere comer el chico?
2. ¿Qué ven los chicos?
3. ¿Qué escribe la chica?
4. ¿Qué quiere beber el chico?
5. ¿Qué quiere escuchar la chica?

Destreza
Um Gespräche auf Spanisch zu verstehen, musst du nicht jedes einzelne Wort kennen. Geräusche und Tonfall können dir dabei helfen, die Situation zu erkennen.
▸▸ Destrezas 2, p. 114

c Relaciona las respuestas de los ejercicios **a** y **b** con una y. Escribe las frases en tu cuaderno.
Ejemplo: El chico está en una fiesta **y** quiere comer una ensaladilla rusa.

VOCABULARIO

47|5 **4 a** Busca las palabras. | Wer findet die Wörter am schnellsten?

b Prepara un ejercicio como **4a** para tus compañeros. Utiliza palabras del texto en la p. 69.

5 a Prepara una tarjeta con el verbo tener. | Lege ein Karteikarte mit dem Verb tener an.

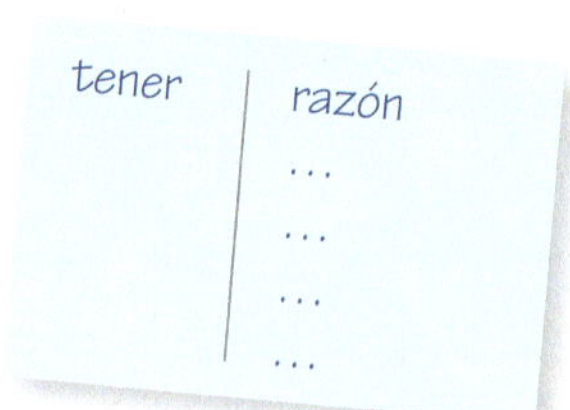

b Cuenta del cumpleaños de Javi con las expresiones de **a**. | Erzähle von Javis Geburtstagsfeier. Benutze die Redewendungen von **a**.
Ejemplo: Javi tiene razón: una bicicleta es un regalo estupendo.

ESCUCHAR

2|12 **6** Hört zu und führt die Befehle aus.

ESCUCHAR Y REPETIR

2|13 **7** Escucha, lee y repite. | Höre zu und lies mit. Da, wo eine Lücke ist, sprichst du nach.

1. ¡[•••] mi bicicleta! Es el regalo de mis padres.
2. [•••] con mi ordenador nuevo.
3. ¿Qué quieres? ¿Tu pluma? [•••], allí está.
4. [•••], ¿cómo se llama tu primo?
5. [•••], ¿hay un cine por aquí?
6. Éste es tu libro, ¿no? [•••].
7. ¡Oh, estás en el baño! [•••].

HABLAR

8 a ¿Qué regalos quieres para tu cumpleaños? Apunta cinco cosas. | Schreibe fünf Dinge auf, die du dir zum Geburtstag wünschst.

- una bicicleta
- una entrada para el fútbol
- un

Denk daran: wenn du ein Wort auf Spanisch nicht kennst, kannst du in einem Wörterbuch oder in einem Online-Wörterbuch nachschlagen.

b Stelle deine Wünsche in der Klasse vor. Erstellt eine Hitliste der fünf beliebtesten Geschenke.

Para mi cumpleaños …

46|3

9 Estáis en una fiesta y queréis tomar algo. | Ihr seid auf einer Party und wollt etwas trinken / essen. Bildet einen Kreis und fragt euch gegenseitig, was ihr essen / trinken wollt.

Utiliza tus tarjetas de vocabulario.

10 ¿Qué prefiere hacer tu compañero / tu compañera el día de su cumpleaños? | Was denkst du: Was macht dein Mitschüler / deine Mitschülerin lieber an seinem / ihrem Geburtstag? Lies dir die Liste durch und mache dir Notizen.

1. *estar* con la familia — *estar* con amigos
2. *escuchar* música — *bailar* con amigos
3. *tomar* un helado en la heladería — *comer* en la hamburguesería
4. *ver* una película en el cine — *ver* una película en casa
5. *preparar* un pastel — *comer* un pastel

Joachim prefiere estar con la familia.

11 a Pregunta a tu compañero / tu compañera como en el ejemplo. | Überprüfe deine Vermutungen von **10**. Notiere die Antworten deines Mitschülers / deiner Mitschülerin.

Joachim, ¿qué prefieres: estar con la familia o estar con amigos?

Prefiero estar con la familia.

b Presenta a tu compañero / tu compañera.

El día de su cumpleaños Joachim prefiere estar con la familia …

12 a Haced el diálogo. | Was sagen die beiden? Formuliere das Gespräch auf Spanisch.

▸ p. 107

- A und B begrüßen sich.
- A sagt B, dass er/sie morgen Geburtstag hat.
- B macht A einen Vorschlag, um morgen etwas zu unternehmen.
- A möchte lieber etwas anderes machen und macht einen Vorschlag.
- B ist mit der Idee von A einverstanden.
- A und B verabschieden sich.

b Presentad el diálogo. | Spielt den Dialog vor.

MEDIACIÓN

13 Esteban hat eine E-Mail von Lotta, einer deutschen Freundin von Sarah, bekommen. Aber Lotta schreibt auch einige Sachen auf Deutsch, die Esteban nicht versteht. Hilf ihm!

> Hola, Esteban: Soy Lotta, la amiga de Sarah. Morgen ist Sarahs Geburtstag. Wir wollen im Park feiern. Sarahs Vater backt einen Kuchen. Als Geschenk wollen wir ein Buch über Hunde oder einen Comic von Zipi y Zape kaufen. Machst du mit? Was würdest du Sarah lieber schenken?
> Liebe Grüße, Lotta

PUNTO FINAL 5

14 **Schreibe eine Bilder- oder Fotogeschichte zum Thema „Una fiesta de cumpleaños para …" und gestalte sie. Wenn du Ideen suchst, sieh dir noch einmal den Text auf S. 69 an.**

▸▸ Destrezas 1/2, p. 120

Tipp: Beschreibungen und Dialoge machen deine Bilder- oder Fotogeschichte lebhafter. Überlege, worüber die Personen auf der Party reden.
Schreibe Dialoge, in denen
- die Personen sich begrüßen,
- die Gäste „dem Geburtstagskind" gratulieren und ein Geschenk überreichen,
- der Gastgeber / die Gastgeberin ihnen etwas zu trinken / essen anbietet und
- ein Gast und das „Geburtstagskind" sich verabreden.

Hoy es el cumpleaños de mi amigo Till. Quiero saludar a mi amigo.

¡Hola, Till! Toma, mi regalo.

RESUMEN DE GRAMÁTICA

1 Los verbos | Die Verben

GH 17|19 **1.1 El imperativo | Der Imperativ**

Oye, **tú**:		No, yo no. **Vosotros**:	
¡Tom**a**	el libro!	¡Tom**ad**	el libro!
¡Le**e**	las frases!	¡Le**ed**	las frases!
¡Escrib**e**	las palabras!	¡Escrib**id**	las palabras!

! tener: tú: ¡T**en** cuidado!
vosotros: ¡Tened cuidado!

GH 18|20 **1.2 Los verbos con cambio de vocal e → ie | Die Verben mit Stammvokaländerung e → ie**

	querer	
No	qu**ie**ro	estudiar.
Oye, Laura, ¿	qu**ie**res	un bocadillo?
Elena	qu**ie**re	escribir un e-mail.
No	queremos	trabajar.
Chicos, ¿	queréis	un helado?
Las chicas	qu**ie**ren	beber un zumo.

GH 18|21 2 El artículo contracto al | Der zusammengezogene Artikel al

Javi llega	**al** cine. a la plaza San Blas. a los exámenes del colegio. a las clases de guitarra.

GH 19|22 3 Personas como complemento directo | Personen als direktes Objekt

Busco		el libro.
Veo		un perro

Busco	**a**	Javi.
Veo	**a**	una chica.

EJERCICIOS FACULTATIVOS

1 a **Suche im Text alle Formen des Verbs querer. Übertrage die Tabelle in dein Heft und sortiere die Formen richtig ein.**

	querer
[yo]	[...]
[tú]	[...]
[él / ella]	[...]
[nosotros/-as]	[...]
[vosotros/-as]	[...]
[ellos/-as]	[...]

b **Completa las frases con una forma del verbo querer.** ▶▶ Resumen 1.2, p. 73

Elena: Hola, chicos, ¿[...] tomar un helado?
Esteban: Hum, yo tengo sed … [...] una horchata.
Elena: ¿Y tú, Sarah? ¿Qué [...]?
Sarah: Yo [...] sólo un agua.
Elena: ¿Sólo [... / tú] un agua?
Esteban: Sarah siempre [...] agua …
Sarah: No, no siempre, pero mis padres [...] comer con la familia en el restaurante «Valencia». Y con un helado ya no tengo hambre.
Elena: ¡Tienes razón! Bueno, ya está, [...] un helado, una horchata y un agua, ¿verdad?

c **Schaut euch die beiden Sätze an und überlegt zu zweit: Wie lauten die Formen des Verbs preferir?**
▶▶ Resumen 1.2, p. 73

1. Pues yo **prefiero** el regalo de sus padres.
2. Y vosotros, ¿qué **preferís**?

Das Verb preferir gehört zu derselben Gruppe wie querer.

2 **Jugad con un dado. | A wählt ein Verb aus und würfelt. B formuliert mit dem Verb einen Satz. Wechselt euch ab.** ▶▶ Resumen 2, p. 73

querer	beber un vaso de agua una bicicleta nueva tomar un helado [...]
preferir	comer en una hamburguesería escuchar un cedé escribir un e-mail [...]
tener	hambre y sed ganas de ver una película un ordenador en el escritorio [...]

47|4 **3** **Ergänze die Sätze mit der richtigen Form der Verben querer, tener und preferir.**
▶▶ Resumen 1.2, p. 73

Hoy es sábado y Javi está en casa. El chico [...] *(querer)* salir con sus amigos, pero sus padres [...] *(querer)* comer con los abuelos y los tíos.
Javi: Papá, siempre comemos con los abuelos, hoy no [...] *(tener)* ganas, [...] *(preferir)* salir con mis amigos.
Padre: Pero Javi, tu abuela cumple años mañana y [...] *(querer / nosotros)* preparar la fiesta.
Javi: ¿[...] *(querer / vosotros)* preparar hoy la fiesta? ¡Pero allí está la abuela!
Padre: Hmm, es verdad. Pero tus tíos y yo [...] *(preferir)* preparar la fiesta hoy. Mañana no [...] *(tener / nosotros)* tiempo[1].
Javi: Hmm, pero Rafa [...] (tener) ideas para la fiesta, yo no.
Padre: ¿[...] *(preferir / tú)* salir con tus amigos? Bueno, pero ¿[...] *(querer / tú)* tocar la guitarra para la abuela?
Javi: ¡Sí!

1 el tiempo *die Zeit*

46|2
48|7

4 **¿Con o sin a? Mira el ejemplo y escribe las frases en tu cuaderno.** ▶▶ Resumen 3, p. 73

Ejemplo:
1. Sarah, Elena y Esteban buscan a Javi.

1. Sarah, Elena y Esteban buscan
2. Ellos quieren saludar
3. Javi saluda
4. Javi prefiere
5. Javi toma
6. La madre de Javi mira

a

la bicicleta. sus amigos en el salón.
la música de Juanes. su amigo.
Javi. su hijo con la bici.

▸ p. 107
48|6

5 a **Relaciona los verbos con los dibujos y forma imperativos.** ▶▶ Resumen 1.1, p. 73

tocar *entrar* *perdonar* *mirar*
escribir *tener cuidado*

b **A jugar. | Gib deinem Mitschüler / deiner Mitschülerin Anweisungen. Er / Sie führt die entsprechende Geste aus. Wechselt euch ab.** ▶▶ Resumen 1.1, p. 73

tomar un lápiz / tu mochila
beber un agua
leer un libro
escribir una frase / un e-mail
buscar el cuaderno de español
escuchar a la profesora
comer un bocadillo
cantar
hablar con tu compañero / tu compañera
mirar la pizarra / a tu compañero/-a

BALANCE

Hier kannst du überprüfen, welche Kompetenzen du in den Unidades 1–5 erworben hast. Das Arbeitsblatt zu Balance 1 findest du unter www.cornelsen.de/webcodes APU-1-62

COMPRENSIÓN AUDITIVA

2|14

1 a Escucha y contesta las preguntas.

1. ¿Cómo se llama el chico?
2. ¿Cuántos años tiene?
3. ¿Dónde vive?
4. ¿Dónde trabajan sus padres?
5. ¿Cuántos años tienen sus hermanos?
6. ¿Su actividad favorita?

b Was hast du noch verstanden?

2|15

2 Escucha y contesta: ¿quién/es habla/n? ¿Dónde está/n?

COMPRENSIÓN LECTORA

3 Thomas ist 12 Jahre alt, lernt Englisch und Spanisch in der Schule. In seiner Freizeit chattet er gern und ist in einem Fußballverein. Was glaubst du: Wem würde er am ehesten antworten? Warum?

1

Soy de Murcia,
tengo 13 años y quiero intercambiar carteles y fotos de famosos con chicos de mi edad. ¿Tienes material? Entonces escribe a: Marina Alonso Torres, C/Hospital, 15–4°C, 08402 Granollers (Barcelona)

2

Me lamo Eli,
tengo 12 años, vivo con mi familia en Sevilla, en el barrio Triana. Somos cinco: mis padres, dos hermanos y yo. Somos de Madrid y, claro, somos todos *fans* del Real Madrid. Soy nuevo aquí. En mi clase sólo hay *fans* del club de fútbol de Sevilla. Por eso quiero saber si en Sevilla también viven *fans* del Real Madrid, como yo. Entonces escribe a: eli.torres@terra.es

3

Hola a todos, soy Fernando,
tengo 12 años y quiero aprender alemán. ¿Por qué? Porque mis abuelos viven en Alemania, en Siegen, y quiero pasar mis vacaciones allí. ¿Qué puedo hacer? En mi instituto sólo puedo aprender inglés. Si tenéis alguna información sobre cursos en internet, escribid un mensaje a: fernando.molina@hotmail.com

■■■ EXPRESIÓN ORAL

4 a Quieres comprar un helado. | Schau dir die Eissorten an: Welche erkennst du?

b Paula y Clara están en el centro de Alicante. Preparad un diálogo. Luego interpretad la escena.

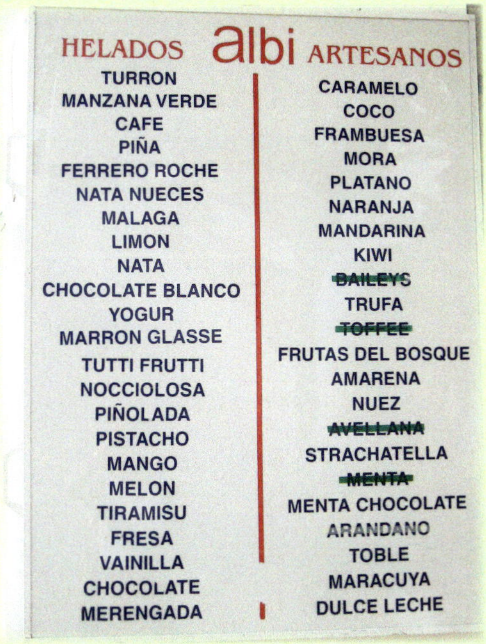

- Clara hat Hunger und Durst.
- Paula fragt, ob sie nicht lieber ein Eis möchte.
- Clara ist einverstanden und fragt Paula, ob es eine Eisdiele in der Nähe gibt.
- Ja, es gibt eine auf dem Platz, zwischen der Bäckerei und dem Kino, gegenüber der Schule.
- Die beiden betreten die Eisdiele und begrüßen die Verkäuferin.
- Diese fragt die Mädchen, was sie möchten.
- Paula möchte ein Vanille- und Erdbeereis, Clara eins mit Schokolade und Haselnüssen (=avellana).
- Haselnusseis gibt es heute nicht, also nimmt Clara ein Schokoladen- und Vanilleeis.

5 Presenta a la familia Osuna Muñoz.

■■■ EXPRESIÓN ESCRITA

6 Preparas tu mochila para mañana. Apunta: ¿qué necesitas para el colegio?

P **7** Beantworte die E-Mail: Du bedankst dich und hast auch Lust mitzumachen, aber du kannst nicht, weil am Samstag die Geburtstagsfeier deiner Schwester ist.

> Hola: El sábado hay una fiesta en el colegio. Queremos preparar pasteles y muchas cosas más, pero ya es muy tarde. ¿No tienes ganas de preparar la fiesta con nosotros? ¡Necesitamos tus ideas! ¿Tienes tiempo?
> Saludos, Vanesa

¡MI MASCOTA Y YO!

¡ACÉRCATE!

2|16 Elena, Javi, Sarah, Esteban y sus compañeros visitan una asociación protectora de animales en Alicante, porque hoy es el día de «Mi mascota y yo».

1

2

Hier lernst du
- über Haustiere zu sprechen,
- Charaktereigenschaften anzugeben.

3

VOCABULARIO

52|1 **1** ¿Cómo son las mascotas? | Wie sind Haustiere? Mit Adjektiven kannst du sie beschreiben. Welche Adjektive findest du im Text? Schreibe eine Liste in dein Heft.

2 ¿Cómo se llaman las mascotas? ¿Cómo son? | Wie heißen die Haustiere? Wie sind sie? Erfinde Namen für sie und benutze die Adjektive von **1**, um sie zu beschreiben.
Ejemplo: Éste es un «perratón». Es grande y …

1

2

3

HABLAR

▸ p. 108 **3** ¿Tienes una mascota? ¿Cómo es? Habla con tu compañero / tu compañera. | Hast du ein Haustier? Wie ist es? Erzähle es deinem Mitschüler / deiner Mitschülerin.

¿Tienes una mascota?

Sí, tengo un / una [•••]
Se llama [•••]
Tiene [•••] años.

No, pero quiero un / una [•••]

¿Cómo es?

Es muy / un poco [•••]

el hámster

el ratón

la tortuga

el pez, los peces

los pollitos

el loro

los caballos

el conejo de Indias

ESCUCHAR

2|17

4 a Escucha: ¿qué mascota es? Apunta en tu cuaderno los números 1, 2, 3, 4, 5 y la mascota.

► p. 108

b Dibuja en tu cuaderno. | Denke dir für eins der Tiere eine passende Zeichnung aus. ►► Destrezas 5, p. 111

ESCUCHAR, LEER Y REPETIR

2|18

5 a Escucha y lee el poema y repite en voz baja. | Höre das Gedicht und lies es leise mit.

b Aprende el poema de memoria. | Lerne das Gedicht auswendig und trage es deinen Mitschülern vor.

Sami, Sami,
mi amigo, mi compañero,
siempre estás a mi lado[1].
¿Siempre? Sami, ¿dónde estás?
¿Estás en la cocina?
No, allí no estás.
¿Dónde está mi perro?
Ah, estás aquí,
en tu rincón favorito,
al lado de mi escritorio.

1 a mi lado *an meiner Seite*

YA LO SÉ

6 a Prepara una tarjeta y presenta a tu mascota o a la mascota de un amigo en clase.

b Preparad y colgad un cartel en vuestra clase: «Nuestras mascotas».

Mi gato se llama Lucas. Tiene dos años. ¡Es muy inteligente!

Mi perro se llama Pelu. Tiene casi un año. Es divertido y gracioso.

Hier lernst du
- zu sagen, was du tun möchtest,
- zu sagen, was du musst.

¿QUIERES SALIR?

2|19

1 Escucha el diálogo. | Höre dir das Gespräch an und sprich leise mit.

Manuel: ¿Tú también quieres tener una mascota?
Teresa: Sí, quiero tener un perro. Pero mis padres no quieren porque nuestro piso es muy pequeño.
Manuel: Hmm, ¿quieres salir con mi perro Lulú?
Teresa: Sí, claro, pero hoy no puedo.
Manuel: ¿Por qué no puedes?
Teresa: Porque no tengo tiempo. Tengo que estudiar.
Manuel: ¿Y mañana?
Teresa: ¡Mañana sí puedo!

2|20

2 a Escucha, lee y repite. | Höre zu und lies mit. Da, wo eine Lücke ist, hörst du zuerst zu und sprichst dann nach.

1.
Cristina: ¿Quieres tomar un helado?
Pedro: Sí, [...], pero [...] estudiar.

2.
Teresa: ¿Quieres tomar un helado con nosotros?
Ana: Sí, pero hoy [...] porque [...] cuidar a mi hermana.
Teresa: ¿Y mañana?
Ana: ¡Mañana [...]!

2|21

b Escucha y contesta. | Höre dir die Fragen an. Dann höre sie noch einmal an und antworte leise.

- Sí, claro, pero hoy no puedo.
- Porque no tengo tiempo.
- Tengo que estudiar.
- ¿Mañana? ¡Mañana sí puedo!

2|22

3 a ¿Qué quiere hacer Cristina? Escucha y elige los dibujos correctos. | Was will Cristina unternehmen? Höre zu und wähle die drei richtigen Bilder aus.

2|22

53|2

b ¿Por qué no pueden salir los otros? Escucha. | Warum haben die anderen keine Zeit? Höre noch einmal zu.

1. La madre 2. El padre 3. Los amigos 4. El hermano	no puede/n	porque	quiere ver fútbol. tiene que preparar la comida. tienen que estudiar para alemán. tiene que trabajar.

4 a Haz planes con tu compañero / tu compañera. | Verabrede dich mit deinem Mitschüler / deiner Mitschülerin.

54|3

¿Quieres
salir a pasear con mi perro?
ver una película en el cine?
salir con los chicos?
comer en la hamburguesería?
tomar un helado?
preparar un pastel?
…

¡Sí, claro!

Sí, pero no puedo.

No, no tengo ganas / tiempo.

b Tú no puedes hacer las cosas **a**. Tu compañero / tu compañera pregunta y tú explicas por qué. | Du kannst die Sachen von **a** nicht machen. Dein Mitschüler / deine Mitschülerin fragt und du erklärst ihm / ihr, warum.

¿Por qué no puedes salir a pasear con mi perro?

No, no puedo, porque tengo que
estudiar para un examen.
visitar a mi abuela.
comprar un regalo para un amigo.
comprar libros para el colegio con mis padres.
buscar mi móvil.
hablar con mis padres.
preparar las torrijas para la fiesta.
…

5 Geht in der Klasse umher und verabredet euch mit euren Mitschülern. Ihr könnt die Ausdrücke von **4a** und **4b** verwenden.

54|4

1. Begrüßt euch.
2. Du schlägst deinem Mitschüler / deiner Mitschülerin vor, morgen gemeinsam etwas zu unternehmen.
3. Dein Mitschüler / deine Mitschülerin lehnt mit einer Begründung ab.
4. Du schlägst etwas anderes vor.
5. Dein Mitschüler / deine Mitschülerin stimmt zu.
6. Ihr verabschiedet euch.

Hier lernst du
- deine Meinung zu äußern,
- Argumente zu formulieren.

¿PUEDO TENER UN PERRO?

2|23
2|24

Elena vuelve a casa con una idea estupenda: ¡quiere tener un perro! Un perro pequeño y cariñoso como Sami, el perro de Sarah. Bueno, tener un perro no es fácil: tiene que salir a la calle y necesita cariño. Elena tampoco puede estar siempre con él. Pero después del colegio ella y su perro pueden estar juntos. ¿Y su madre? Elena piensa en su madre y … en su problema:

Por fin, su madre y Paco, el compañero de su madre, vuelven a casa y Elena puede hablar con ellos.

Elena: Mamá, mamá, ¿puedo tener un perro?
Madre: ¿Un perro? ¿Un perro aquí en el piso? Ay, no sé. Mira, hija, ya tenemos un periquito. Además, yo trabajo y tú estás en el colegio y no podemos dejar el perro solo en casa. No sé … Paco, tú, ¿qué piensas?
Paco: Elena …, tus amigos, el colegio, las clases de baile español, ¿tienes tiempo para un perro?
Elena: Pues Sarah también tiene un perro, se llama Sami. Siempre salgo a pasear con ellos. Los perros son muy inteligentes y muy graciosos, ¿sabéis? El perro de Sarah todavía es pequeño, pero ya sabe volver solo a casa.
Paco: A ver, podéis pasear juntas a los dos perros … y Sarah ya sabe cuidar un perro.
Madre: Elena, no. No podemos comprar un perro.
Elena: No tenemos que comprar uno, mamá. *Masali* es una asociación protectora de animales. Allí encuentras perros, gatos y conejos, creo.
Madre: Sí, y seguro que al final yo tengo que cuidar al perro porque tú no tienes tiempo porque tienes que estudiar o quieres salir con tus amigos. Pues no sé … ¡Vamos a ver!

COMPRENDER

55|1

1 ¿Qué problema tiene Elena? Elige el resumen correcto. | Was hat Elena für ein Problem? Wähle die richtige Zusammenfassung.

a) Elena tiene un problema: quiere tener un perro, pero su madre prefiere comprar un periquito. Elena quiere hablar con Sarah de su problema, pero su amiga no tiene tiempo.

b) Elena vuelve a casa con una idea estupenda: quiere comprar el perro de Sarah porque es pequeño y muy inteligente. Elena habla con su madre, pero ella tiene miedo de los perros. Al final, Paco compra un periquito.

c) Elena quiere tener un perro, pero hay un problema: su madre no quiere porque el piso es pequeño y además ya tienen un periquito. Elena habla con su madre y con Paco, pero la madre no sabe.

2 Desordena una frase del texto como en el ejemplo para tu compañero / tu compañera.

con	vuelve	estupenda	Elena	una	a casa	idea

3 Elena quiere hablar con su madre sobre tener un perro. | Elena möchte einen Hund haben und will mit ihrer Mutter darüber reden. Schreibe die Argumente dafür und dagegen in eine Liste in dein Heft.

– Tener un perro no es fácil:	+ Tener un perro es una idea estupenda:
[...]	[...]

- Necesita cariño.
- El piso es muy pequeño.
- Después del colegio Elena y el perro pueden estar juntos.
- Elena no tiene tiempo para un perro.
- La madre no quiere dejar al perro solo en casa.
- La madre no quiere cuidar al perro.
- Elena no puede estar siempre con él.
- Los perros son inteligentes y graciosos.
- Elena y Sarah pueden salir juntas a pasear a los dos perros.
- Un perro tiene que salir a la calle.
- Sarah ya sabe cuidar un perro.

ESCUCHAR Y REPETIR

2|25

4 a Escucha y repite el trabalenguas:

El perro de Sarah quiere comer torrijas,
pero las torrijas ya están en el carrito.

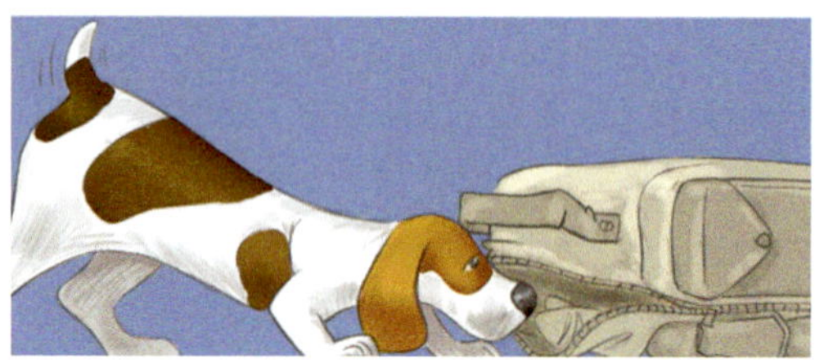

b Practica el trabalenguas. | Übe den Zungenbrecher. Wer kann ihn am schnellsten sagen?

ESCUCHAR

2|26
58|10

5 ¿Qué necesita un perro? Escucha y di si las frases son verdaderas o falsas. |
Was braucht ein Hund? Höre dir den Dialog an und sage, ob die Sätze richtig oder falsch sind.

1. Teresa quiere el perro de Manuel.
2. Los perros tienen que salir todos los días[1].
3. Los perros quieren estar solos.
4. Los perros necesitan un rincón para sus cosas.
5. Los perros comen una vez al día[2].
6. Los perros beben zumo.
7. Los perros necesitan mucho cariño.
8. Con un perro siempre es aburrido.

1 todos los días *jeden Tag*
2 una vez al día *ein Mal pro Tag*

VOCABULARIO

6 Busca y escribe las parejas en tu cuaderno. | Suche die Gegensatzpaare und schreibe sie in dein Heft.

tranquilo pequeño inquieto
grande aburrido inteligente fácil
divertido difícil tonto

Du merkst dir Wörter leichter, wenn du sie ordnest. ▸▸ Destrezas 3, p. 110

HABLAR

7 Esteban y Clara quieren salir. ¿Qué dicen sus padres? | Esteban und Clara möchten ausgehen. Was sagen ihre Eltern?

Mamá, ¿puedo salir con los amigos?

No, ahora no puedes, tienes que estudiar para el cole.

Papá, ¿podemos salir con los amigos?

No, ahora no podéis, tenéis que preparar vuestros deberes para mañana.

salir con los amigos
comer en casa de Sarah
tomar un helado
tocar la guitarra
escuchar música en el salón
comprar un DVD
ver una película
leer la revista

estudiar para el cole
salir a pasear con el perro
preparar vuestros deberes para mañana
escribir un e-mail a la abuela
leer el texto para la clase de mañana
cuidar el conejo
comprar un regalo para el cumpleaños de la tía Ana
aprender el vocabulario nuevo

8 ¿Qué piensas sobre tener una mascota? | Was denkst du darüber, ein Haustier zu haben?

▸ p. 108

Para mí, tener una mascota	es muy no es es un poco	bonito divertido difícil fácil aburrido …	porque	[...].

9 Preparad una escena: tú quieres una mascota, pero tu madre no quiere. ¿Necesitas ideas? Lee otra vez el texto de la página 83. Además, puedes utilizar los argumentos de **3** y también las expresiones de abajo: ▸▸ Destrezas 2, p. 116

¿Qué?
Ay, no sé. Mira, hija, [...]
Vamos a ver.
No sé.
Sí, sí, mamá, ya lo sé.

- Denkt an Körperbewegungen und an euren Gesichtsausdruck.
- Braucht ihr Gegenstände, die zu eurer Szene passen, z. B.: eine Tasche oder einen Rucksack?

APRENDER MEJOR

2|27

10 Beim Zuhören Notizen machen

Escucha y contesta las preguntas.

1. ¿Qué mascotas tienen Juan, Pablo y Ana?
2. ¿Cómo se llaman?
3. ¿Cómo son?

	¿Qué es?	¿Cómo se llama?	¿Cómo es?
Juan	[…]	[…]	[…]
Pablo	[…]	[…]	[…]
Ana	[…]	[…]	

Destreza
Lies vor dem Hören die Fragen und überlege genau, worauf du achten sollst. Du kannst eine Tabelle anlegen, in die du die Informationen einträgst. Konzentriere dich beim Hören auf die Passagen, die wichtig sind, um die Fragen zu beantworten. Mache dir Notizen und trage sie in die Tabelle ein.
▸▸ Destrezas 2/3, p. 114

ESCRIBIR

11 a Du hast eine E-Mail von Javis Cousin bekommen. Erzähle deinen Eltern, was in ihr steht.

Hola:
Me llamo Carlos y soy el primo de Javi. Tengo 13 años y soy de Alicante. Tengo una mascota. Es una perra y se llama Mimi. Tiene 2 años. Es muy inteligente y cariñosa.
Yo tengo que salir a pasear con Mimi todos los días, pero no importa, salir con ella es muy divertido.
Mimi y yo «estudiamos» juntos, porque su rincón favorito está debajo de mi escritorio ;-)
¿Y tú? ¿Tienes una mascota? ¿Cómo es?
Saludos[1], Carlos

1 Saludos *Grüße (in einem Brief)*

P

b Escribe un e-mail a Carlos. | Schreibe Carlos eine E-Mail und beantworte seine Fragen.
- Sage, wie du heißt, wie alt du bist und woher du kommst.
- Erzähle über dein Haustier: wie es heißt, wie alt es ist und beschreibe es.
- Erzähle noch etwas über dein Haustier.
- Stelle Carlos eine Frage und verabschiede dich (Saludos).

PUNTO FINAL 6

12 ¿Qué necesita una mascota?

En grupos elegid una mascota y haced una lista. Luego preparad un cartel con fotos y dibujos y presentad vuestro cartel en clase.

Un perro necesita cariño.

RESUMEN DE GRAMÁTICA

1 Los verbos

GH 20|23

1.1 El verbo salir | Das Verb salir

	salir	
Siempre	**salgo**	con mis amigos.
Pedro, ¿	sales	mañana?
Elena	sale	de casa.
Chicos, ¿	salimos	juntos?
¿Por qué no	salís	hoy?
Los chicos	salen	del colegio.

Imperativo de salir:
tú: ¡**sal**!
vosotros: ¡salid!

GH 20|24

1.2 Los verbos con cambio de vocal o → ue | Verben mit Stammvokaländerung o → ue

	poder	
Mamá, ¿	p**ue**do	tener un perro?
Vale,	p**ue**des	tener uno.
Paco no	p**ue**de	estudiar.
Por favor, ¿	podemos	salir hoy?
No, hoy no	podéis	salir porque ya es tarde.
Paco y su perro	p**ue**den	estar juntos.

GH 20|23

1.3 El verbo saber | Das Verb saber

	saber	
No	**sé**	alemán.
Paco, ¿qué	sabes	de Roberto?
Elena	sabe	mucho de baile español.
Nosotros	sabemos	hablar español.
Clara, Paula, ¿	sabéis	dónde está Esteban?
Javi y Rafa	saben	tocar la guitarra.

GH 21|25

1.4 Los verbos modales | Die Modalverben

tener que:	Mañana	**tengo que**	trabajar	mucho.
poder:	No	**podemos**	salir	hoy.
saber:	Paco	**sabe**	hablar	alemán.
querer:	Chicos, ¿	**queréis**	comer	algo?

EJERCICIOS FACULTATIVOS

1 a Das Verb volver wird wie poder konjugiert. Schreibe die Konjugation in dein Heft und ergänze die fehlenden Formen.

volver

yo	[...]	nosotros/-as	volvemos
tú	[...]	vosotros/-as	[...]
él / ella	[...]	ellos/-as	[...]

I/O p. 109
DELE
56|5
56|6
56|7

b Completa con una forma de poder, encontrar o volver.

1. Después del colegio, Sarah y Elena [...] *(volver)* a casa para estudiar juntas.
2. Sami, el perro de Sarah, [...] *(volver)* solo a casa.
3. Elena no [...] *(encontrar)* su cuaderno con los deberes.
4. Sarah: Muy bien, entonces no [...] *(poder / nosotras)* estudiar.
5. ¿[...] *(volver / nosotras)* a la plaza?
6. Elena: No, yo no [...] *(poder)*. Tengo que volver al colegio. Seguro que mi cuaderno está en la clase.

2 Ordne die beiden Sätze dem passenden Bild zu und formuliere eine Regel: Wie unterscheidet sich die Bedeutung von saber und poder?
▸▸ Resumen 1, página 87

No sabe escribir.

No puede escribir.

57|9 **3** Forma frases con una forma de saber y poder.

1. – Clara / leer

2. Elena / cantar

3. Sami / volver solo a casa

4. Javi / tocar la guitarra

5. Elena / preparar torrijas

6. el loro / hablar

4 **A wählt ein Verb aus und würfelt. B formuliert einen Satz.**

También podéis formular preguntas y escribir frases con «no».

querer	tener un perro salir con los amigos escuchar música
tener que	estudiar escuchar al profesor buscar el libro
saber	hablar español cuidar un animal preparar un pastel
poder	hablar con los compañeros tomar un helado estudiar juntos

- ⚀ yo
- ⚁ tú
- ⚂ él / ella
- ⚃ nosotros / nosotras
- ⚄ vosotros / vosotras
- ⚅ ellos / ellas

57|8 **5** **Elige el verbo correcto y completa las frases. | Wähle das richtige Verb aus und ergänze die Sätze.**

tener que *querer* *poder*

1. Sarah [...] estudiar para el examen de Español.
2. Después de clases los chicos [...] tomar un helado.
3. Clara y yo no [...] salir porque no tenemos tiempo.
4. Javi y Rafa [...] ver una película mañana.
5. Esteban, [...] cuidar a tu hermana después del colegio.
6. Elena no [...] estudiar sin el libro de Español.

6 **Wie ist es, ein außergewöhnliches Haustier zu haben? Formuliere Vermutungen wie im Beispiel.**
Ejemplo: Seguro que tener hormigas es muy interesante.

aburrido interesante divertido peligroso difícil fácil

una serpiente

un canguro

hormigas

un caracol

un ratón

un periquito

55|2 **7** **Inventa una respuesta para cada pregunta. Utiliza:** tener cuidado, tener [...] años, tener ganas de, tener hambre, tener sed, tener miedo de, tener razón.

1. Javi, ¿quieres comer algo?
2. ¿No quieres pasar por la plaza?
3. ¿Por qué no quieres tener un perro?
4. Pedro y los libros no son muy amigos, ¿verdad?
5. Clara es la hermana pequeña de Esteban, ¿no?
6. Laura tiene un perro y ahora también quiere un gato, ¿no?
7. Elena, el zumo es muy rico, ¿no quieres un vaso?

REPASO 2 UNIDADES 4–6

Hier kannst du die Vokabeln und die Grammatik wiederholen, die du in den Unidades 4–6 gelernt hast.
Das Arbeitsblatt zu Repaso 2 findest du unter www.cornelsen.de/webcodes APU-1-74

ESCUCHAR

2|28

1 **Escucha y contesta las preguntas sobre la familia de Elena.**

1. ¿Qué tal está Elena?
2. ¿Por qué?
3. ¿Cómo son Manolo y Carlos?
4. ¿Quién es Marga?
5. ¿De qué hablan Elena y Marga?
6. ¿Quiénes salen a pasear mañana?

VOCABULARIO

2 a **Encuentra los sustantivos. Escribe también el artículo determinado.**
Un sustantivo = un punto. Un sustantivo con el artículo = dos puntos.

1. hmaenro
2. mrdae
3. atí
4. aebula
5. filiama
6. hoij
7. pmiro
8. pdare

b **Inventa adivinanzas como en 2a para tus compañeros.**

APRENDER MEJOR

3 **Schlüsselwörter erkennen**
Suche die Schlüsselwörter im Text und schreibe sie auf. Ordne dann die Informationen dazu aus dem Text in einer Mind Map.

Los hámsteres

Los hámsteres son animales pequeños y muy inquietos. Además, son inteligentes y muy graciosos. ¿Quieres tener un hámster? Tener un hámster no es difícil. Los hámsteres pueden vivir en un rincón de tu habitación. Ellos necesitan una jaula[1] y dos platos: uno para el agua y uno para comer.
¿Qué comen los hámsteres? Tienes que saber que los hámsteres comen verduras[2] y cereales[3]. También puedes comprar la comida para hámsteres del supermercado. Los hámsteres no beben zumo, sólo agua.
¿Qué más necesitan los hámsteres? Los hámsteres no salen a pasear como los perros, pero necesitan cariño y estar contigo.
¡Son la mascota ideal para ti!

1 la jaula *Käfig*
2 las verduras *Gemüse*
3 los cereales *Getreide*

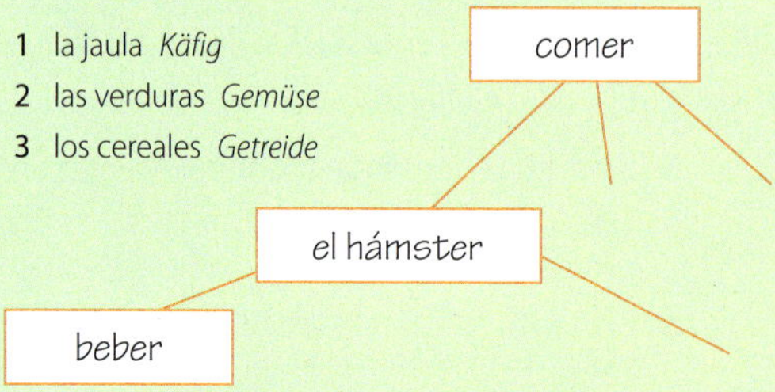

Destreza
Um die wichtigsten Informationen aus einem Satz oder Text herauszuarbeiten, helfen dir Schlüsselwörter. Sie sind sozusagen das Gerüst eines Textes. Sie sind alleine schon so aussagekräftig, dass sie auf weitere Inhalte schließen lassen. Wenn du einen Satz oder Text bearbeitest, kannst du die Schlüsselwörter unterstreichen oder herausschreiben und in einer Mind Map anordnen.
▸▸ Destrezas 2, p. 119

PRACTICAR

4 Completa las frases con del o al.

1. El pastel de cumpleaños es una idea [...] padre de Sarah.
2. Los amigos llegan [...] cumpleaños de Javi.
3. El cómic es un regalo [...] abuelo de Javi.
4. ¿Dónde están las fotos? – Mira, están [...] lado de los libros.
5. En el instituto Elena ve [...] profesor nuevo.
6. ¿A quién buscas? – [...] hermano de Clara.
7. [...] final, la madre de Elena tiene que cuidar el perro.
8. Javi sale [...] estadio.

5 ¿Qué dice[1] la profesora? Utiliza el imperativo.

1 dice *sagt*

vosotros:
trabajar en grupos
escuchar
escribir en los cuadernos
cantar
mirar las frases en la pizarra
tomar apuntes

tú:
leer el texto
salir de la clase
comer sólo en el recreo
tener cuidado
encontrar la palabra correcta
completar las frases
hablar con tu compañero

6 Completa con el determinante posesivo. Después, inventa el final de la frase.

1. – Oye, mamá, ¿sabes dónde está [...] mochila? – Pues, busca ...
2. Javi, Rafa, ¿dónde están [...] padres? Tengo que hablar con ellos porque ...
3. Rafa habla con [...] hermano Javi: «Estudiar para el cole y ...».
4. Javi y Rafa: «En [...] calle hay un cibercafé. Allí siempre ...».
5. Elena y Sarah: «[...] barrio es muy bonito: hay una plaza con un kiosco y ...».
6. Esteban, Paula, ¿cómo se llama [...] profesor? – Se llama ...
7. Sarah: «[...] padres son de Alemania. [...] ciudad se llama ...».

7 Completa con la forma correcta de los verbos.

1. Elena, ¿no [...] *(tener* ganas*)* de salir con nosotros? – Sí, [...] *(tener* ganas*)*, pero no [...] *(poder)*.
2. Sarah [...] *(poder)* chatear con chicos de España y Alemania porque [...] *(saber)* hablar español y alemán.
3. Hoy no [...] *(salir* / yo*)* de casa porque [...] *(tener* que / yo*)* estudiar.
4. La prima pequeña de Elena [...] *(tener)* cinco años y todavía no [...] *(saber)* leer.
5. Hoy los chicos [...] *(querer)* visitar una asociación protectora de animales.
6. Javi, ¿por qué [...] *(volver)* tarde a casa? Hoy [...] *(querer* / nosotros*)* visitar a los abuelos.
7. Pero Javi y Rafa [...] *(preferir)* salir con sus amigos.
8. Elena [...] *(pensar)*: «[...] *(querer)* tener un perro.»
9. Mamá, no [...] *(encontrar)* mi móvil. – Menos mal, así [...] *(tener* / tú*)* más tiempo para estudiar.

BÚSQUEDA DE INFORMACIÓN

8 Welche Tiere leben in Costa Rica? Schlage in einem Lexikon nach oder suche Informationen im Internet.

El loro es un animal de Costa Rica.

LA HORA

ESCUCHAR Y REPETIR

2|29

1 Höre dir die Uhrzeiten an und sprich leise mit.

- 8:00 – Son las ocho (de la mañana).
- 9:15 – Son las nueve y cuarto.
- 10:10 – Son las diez y diez.
- 11:30 – Son las once y media.
- 12:00 – Son las doce.
- 12:40 – **Es** la una menos veinte.
- 13:30 – **Es** la una y media.
- 14:45 – Son las tres menos cuarto (de la tarde).
- 21:00 – Son las nueve.
- 0:00 – Son las doce (de la noche).

ESCUCHAR

2|30
61|1
61|2

2 ¿Qué hora es? Escucha y elige a o b. | Wie spät es ist? Hör zu und wähle a oder b aus.

1. a 11:25 b 11:05
2. a 10:05 b 16:50
3. a 8:10 b 8:03
4. a 3:30 b 3:13
5. a 11:45 b 12:15
6. a 7:15 b 7:04

2|31

3 Escucha y ordena. | Höre dir die Uhrzeiten an und bringe die Uhren in die richtige Reihenfolge.

a 16:40 b 8:45 c 20:00 d 11:30 e 21:15 f 6:25

Hier lernst du
- die Uhrzeit anzugeben,
- die Tageszeit anzugeben.

HABLAR

4 Adivina. | **A** sagt, um wie viel Uhr sein / ihr Bus ankommt und **B** errät, woher er / sie kommt.

Mi bus llega a las […].

Es el bus de […].

▸ p. 109
61|3
61|4

5 a Pregunta a tu compañero / tu compañera a qué hora hace las siguientes cosas. | Frage deinen Nachbarn / deine Nachbarin, um wie viel Uhr er / sie folgende Sachen macht.

¿A qué hora sales de casa?

A las ocho de la mañana.

▸ p. 109

b Presenta las respuestas de tu compañero / tu compañera en clase. | Stelle der Klasse die Antworten deines Nachbarn / deiner Nachbarin vor.

Sophie sale de casa a las ocho de la mañana.

EL HORARIO DE CLASES

EL HORARIO DE LA CLASE 1° DE ESO

	LUNES	MARTES
09:10–10:05	Geografía e Historia	Ciencias de la Naturaleza
10:10–11:05	Lengua y Literatura	Tecnología
recreo		
11:30–12:25	Optativa	Lengua y Literatura
12:30–13:25	Inglés	Lengua y Literatura
comida		
15:15–16:10	Matemáticas	Música
16:15–17:10	Educación Plástica y Visual	Tutoría

HABLAR

1 ¿Cuál[1] es tu asignatura favorita y qué asignatura odias? Explica por qué.

▸ p. 109
62|1
62|2

Mi asignatura favorita es / Odio	[...]	porque	[...].

2 a En grupos: Haced una encuesta sobre vuestras asignaturas.

62|3

¿Cuál[1] es tu asignatura favorita?
¿Qué asignatura odias?
¿Quién es tu profe favorito?
¿Qué asignatura es aburrida para ti?
¿Qué asignatura es divertida para ti?

1 cuál *welche (Singular)*

Hier lernst du
- über deinen Stundenplan zu sprechen.

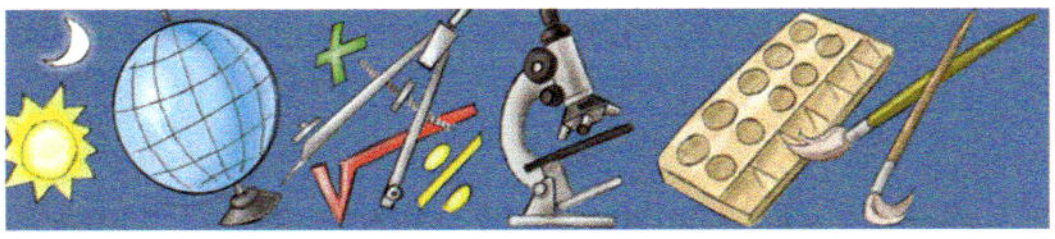

MIÉRCOLES	JUEVES	VIERNES
Geografía e Historia	Matemáticas	Educación Plástica y Visual
Educación Plástica y Visual	Tecnología	Inglés
Matemáticas	Inglés	Ciencias de la Naturaleza
Matemáticas	Música	Ciencias de la Naturaleza
Optativa	Educación Física	Geografía e Historia
Religión / Ética	Educación Física	Lengua y Literatura

b Presentad los resultados de vuestro grupo en clase.

¿QUÉ TE GUSTA HACER?

ACTIVIDAD DE PRELECTURA

1 Sammelt alle Wörter und Redemittel zum Thema Freizeit, die ihr schon kennt, in einer Mindmap.

ESCUCHAR

2|32

2 Höre zu, lies mit und sprich nach.

VOCABULARIO

63|1

3 Lest die Texte in den Sprechblasen. Was tun die Jungen und Mädchen gerne? Welche Aktivitäten versteht ihr, ohne die Wörter nachzuschlagen? Wie viele Aktivitäten werden genannt? Wo schlagt ihr die Wörter nach, die ihr nicht versteht?

4 Completa el mapa mental. | Ergänze deine Mindmap aus **1** mit den neuen Wörtern.

JUGAR

5 Spielt zu zweit Pantomime. **A** spielt seine / ihre Lieblings-Freizeitaktivität vor und **B** errät sie. | Utiliza las palabras de **4**.

Hier lernst du
- über Hobbys zu sprechen,
- dich zu verabreden.

HABLAR

63|2 **6** Geht in der Klasse umher und verabredet euch mit fünf Mitschülern.

¿Tienes ganas de	ir a la playa jugar al ordenador preparar un pastel salir con el monopatín salir a pasear con mi perro ...	hoy? mañana? después del cole?

→ ¡Claro que sí! ¿Dónde quedamos?

En	mi casa ...	¿vale?
Enfrente Al lado	del parque, de la hamburguesería, del estadio, del colegio, ...,	

→ ¡Muy bien!

UN HELADO, POR FAVOR

ESCUCHAR Y REPETIR

2|33

1 a Escucha el diálogo. | Höre dir das Gespräch an und sprich leise mit.

Vendedora: Hola, ¿qué queréis?
Pedro: Un helado de chocolate, por favor.
Cristina: Y para mí un helado de fresa y vainilla.
Vendedora: Sí, ¿algo más?
Cristina: No, eso es todo. ¿Cuánto es?
Vendedora: Son 2 euros con 40.
Cristina: Aquí tiene. Gracias.
Vendedora: Gracias a ti. ¡Adiós!

b Leed el diálogo. | Hört das Gespräch noch einmal und lest es mit verteilten Rollen.

2|34

2 Escucha, lee y repite el diálogo. | Höre zu und lies mit. Da, wo eine Lücke ist, hörst du erst zu und sprichst dann nach.

Vendedora: Hola, ¿[...]?
Pedro: Un bocadillo de jamón, por favor.
Vendedora: Sí, ¿ [...]?
Pedro: No, [...]. ¿ [...]?
Vendedora: Son tres euros.
Pedro: [...]. Gracias.
Vendedora: Gracias a ti.

ESCUCHAR

2|35
64|1
64|2

3 a Escucha y relaciona. | Höre zu und schreibe auf, was zusammenpasst.

1. dos horchatas
2. un pastel
3. una botella de zumo
4. tres paquetes de caramelos
5. quince naranjas
6. tres latas de fruta

a. 4,70 euros
b. 5,40 euros
c. 3,10 euros
d. 1 euro
e. 2,99 euros
f. 3,50 euros

2|35

b Escuchad otra vez y comparad vuestros resultados.

64|3

4 a Ordena el diálogo. | Finde die Reihenfolge des Gesprächs wieder. Schreibe es in dein Heft.

1. Sí, ¿algo más?
2. Aquí tiene. Gracias.
3. Son 3 euros con 60.
4. Hola, ¿qué quieres?
5. Un bocadillo de jamón y un zumo de naranja, por favor.
6. No, eso es todo. ¿Cuánto es?

b Haced y presentad el diálogo en clase.

Hier lernst du
- einzukaufen,
- zu fragen, wie viel etwas kostet.

5 Haced el diálogo. | **A** ist Kunde/Kundin, **B** ist Verkäufer/Verkäuferin. Übt den Dialog ein. Kauft mindestens drei Dinge ein. Nach einem Durchgang tauscht ihr die Rollen.

A: ¡Hola! / ¡Buenos días!

B: ¡Hola! / ¡Buenos días! ¿Qué quieres?

A:

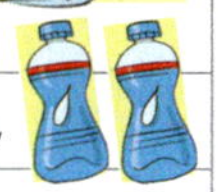

Quiero	un	paquete de caramelos,		por favor.
	dos tres	botellas de agua,		
		bocadillos sándwiches	de jamón, de queso,	

B: Sí, toma. ¿Algo más?

A:

También quiero	una	lata de frutas		por favor.
	dos tres	helados de	fresa, vainilla, chocolate,	

B: ¿Algo más?

A: No, eso es todo. ¿Cuánto es?

B:

Un Dos Tres …	euro/s con	veinte, treinta, cuarenta, cincuenta, …	por favor.

A: Aquí tiene, [...] euro/s, gracias.

B: Gracias a ti. Adiós.

A: Adiós.

ANEXO

DIFFERENZIERUNGS- UND PARTNERAUFGABEN

UNIDAD 1

página 17

6 a Presenta a uno de los chicos a tu compañero / tu compañera. | Stelle eine/n der Jugendlichen deinem Mitschüler / deiner Mitschülerin vor.
Ejemplo: Elena es de Alicante. Habla español. Estudia en el colegio San Vicente.

Elena

Javi

Sarah

Esteban

Clara

página 18

9 Escucha y contesta las preguntas. | Höre zu und antworte auf die Fragen.

– Bien, ¿y tú? – Soy […]. – Soy de […].
– Sí, ahora estudio también aquí. – Sí, hablo alemán y ahora también hablo español.

página 20

5 Übt die Formen von ser: A zeigt auf das Pronomen, B sagt die passende Form von ser. Tauscht danach die Rollen. ▶▶ Resumen 1, página 19

[nosotros, nosotras] [él, ella] [tú]
[yo] [ellos, ellas] [vosotros, vosotras]

son sois soy
es somos eres

UNIDAD 2

página 24

4 En parejas. | Zu zweit. Fragt euch gegenseitig, was es in der Explanada de España gibt. Nennt jeweils drei Dinge.

¿Qué hay en la Explanada?
Pues, hay | un kiosco / castillo. / una heladería / panadería.
¿Qué más hay?
Ah, también hay | un restaurante / hotel. / una playa.
¿También hay un cine?
No, pero hay un cine en la calle Mayor.

página 24

5 En el centro de Alicante. | Du kommst aus Alicante und kennst dich dort gut aus. Spielt die Szene.

B
- Du begrüßt **A** antwortest, dass es im Zentrum von Alicante folgende Dinge gibt: , .
- Du sagst **A**, was es dort noch gibt: , .
- Du sagst **A**, dass es auf der Explanada de España einen  gibt.
- Du antwortest **A**, dass es dort keins gibt, aber dass es in der calle Mayor ein  gibt.
- Du sagst, dass du es nicht weißt.
- Du verabschiedest dich auch.

página 28

3 **Hörverstehen trainieren**
Escucha. Relaciona los dibujos y las calles. | Du bist neu in Alicante und möchtest wissen, wo die folgenden Orte sind. Höre den Dialogen zu und ordne die Orte den Straßennamen zu.

1|29

Destreza
Überlege vor dem Hören, was du heraushören möchtest: hier sind es die Läden und die Straßen. Achte beim Hören nur auf diese Informationen.
▸▸ Destrezas 1, p. 113

la calle Mayor | la plaza de San Blas | la calle Pintor Gisbert

el cibercafé

el cine

la panadería

la heladería

página 29

9 a ¿Qué pregunta Javi a Esteban? Lee las respuestas y formula las preguntas. | Lies Estebans Antworten und formuliere Javis Fragen.

a) Me llamo Esteban.
b) No, soy de Costa Rica, pero ahora vivo en Alicante.
c) Vivo en la calle Juanito Santero.
d) No, Clara y yo somos hermanos.
e) No, por allí no, pero hay un cine en la calle Mayor.

página 33

5 Completa. | Ergänze die Sätze.

1. En la Plaza Puerta del Mar [...] (hay) restaurantes, tiendas y … ¡mucho más!
2. San Blas [...] *(ser)* un barrio de Alicante.
3. José Enrique [...] *(leer)* el e-mail de Esteban.
4. Esteban [...] *(descubrir)* la ciudad.
5. Alicante [...] *(ser)* una ciudad de España.
6. En la calle Colón sólo [...] (hay) cibercafés.
7. Sarah [...] *(leer)* revistas en alemán.
8. Por aquí sólo [...] (hay) tiendas.
9. Esteban [...] *(escribir)* un e-mail.
10. Los amigos [...] *(tomar)* un helado.

UNIDAD 3

página 37

1 ¿Qué hay en la habitación de Esteban? | Was gibt es alles in Estebans Zimmer?

En la habitación de Esteban hay	un	rincón de los deportes. escritorio. armario. cartel. ordenador.
	una	estantería. lámpara. pelota. puerta.

página 38

1|33

2 Escucha las frases y repite.

1. Ésta es la habitación de Esteban.
2. La mochila está al lado de la estantería.
3. Allí escucha música.
4. Encima de la cama está el rincón de los deportes.
5. ¿Dónde está la cama?
6. Está enfrente de la puerta.

página 38

5 Mira las fotos de las páginas 36 y 37 y formula tres adivinanzas para tu compañero / tu compañera. | Formuliere Rätsel für deinen Nachbarn / deine Nachbarin. Danach wechselt ihr euch ab.

Está	encima enfrente al lado	del escritorio. del armario. del ordenador. de la cama. de la puerta. de la estantería. de la ventana.
	entre el / la [...] y el / la [...].	

Está al lado del escritorio.

Es la mochila.

página 41

//● **1** Lee, completa y ordena las frases sobre el texto. | Lies, ergänze und ordne die Sätze zum Text.

1. La madre ve en el salón un montón de …
2. Ya es casi hora de …
3. Elena habla con…
4. Elena está en su habitación y busca …
5. El móvil está en …
6. El móvil no está en …
7. La madre de Elena y su compañero llegan a …

página 42

//○ **7 a** Ordena las frases y marca los verbos en las frases. | Stelle die Sätze wieder her und unterstreiche die Verbformen.

1. busca / de / Elena / la / móvil / madre / el
2. chaqueta / móvil / la / el / en / está
3. vive / el / Alicante / en / padre / Elena / de
4. en / hospital / Paco / el / trabaja
5. el / aprende / en / Elena / colegio / alemán

b Escribe las frases con la negación. | Schreibe die verneinten Sätze auf.

Die Verneinung steht vor dem Verb.

página 44

1|41 //○ **13 a** Ana habla sobre su piso. Escucha. | Ana beschreibt ihre Wohnung. Übertrage den Wohnungsgrundriss in dein Heft. Höre zu und trage die Zimmer ein.

el baño — la habitación de Ana — el salón — la habitación de los padres — la habitación de Juan — la cocina

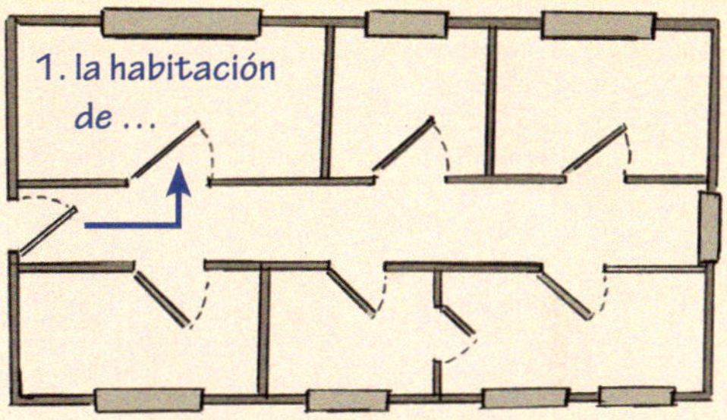

1|41 //○ **b** Escucha otra vez.

1 ¿Dónde está la madre?

En la cocina. | En la habitación de los padres. | En el salón.

2 ¿Qué hay en la habitación de Juan?

Una mochila. | La pluma del padre. | La pelota de Ana.

3 ¿Dónde está Juan?

En la habitación de Ana. | En el baño. | En el salón.

página 46

//O **1** ¿De quién son las cosas? | Sage, wem die Sachen gehören.

de + el = del

1 el escritorio – la hermana de Esteban

2 la mochila – el amigo de Esteban

3 la pelota – el compañero de Esteban

4 el ordenador – la profesora de Esteban

5 el móvil – el padre de Esteban

6 la chaqueta – la madre de Esteban

El escritorio es de la hermana de Esteban.

página 47

//O **5** ¿Dónde están los móviles? Observa el dibujo. | Wo sind die Handys? Schaue dir die Zeichnung an.

El móvil	está	encima enfrente al lado debajo	del armario del escritorio del ordenador. de la silla. de la cama. de la mochila de la lámpara
		entre [...] y [...].	

página 47

6 a Describe la habitación de Amalia: ¿dónde están las cosas?

la ventana
la pelota
la lámpara
la silla
los libros
el móvil

la habitación de Amalia

b Vergleiche mit deinem Partnern / deiner Partnerin, wo sich die Sachen von **a** befinden.
Ejemplo: Pues en la habitación de Amalia la ventana está …

UNIDAD 4

página 53

1|48

5 Escucha y contesta. | Gib Auskunft über dich. Höre dir alle Fragen an.
Dann höre sie dir noch einmal an und antworte.

página 53

6 Hacer una entrevista. | Interviewt euch gegenseitig.

¿Cómo te llamas?
¿De dónde eres?
¿Dónde vives?
¿Cuántos años tienes?
¿Tienes hermanos?
¿Cómo se llama/n …?

¿Por qué no tomamos	una horchata? un helado? un zumo de naranja? una hamburguesa?

página 55

1 b La familia y los amigos buscan un regalo para Javi. ¿Qué ideas tienen?
Ejemplo: Comprar lápices de color es la idea del abuelo.

1. Comprar lápices de color 2. Comprar una entrada para el fútbol 3. Comprar un cedé 4. Comprar un libro 5. Comprar entradas para el cine 6. Preparar una piñata 7. Preparar un pastel	es la idea de […].

página 55

2 ¿Correcto o falso? | Richtig oder falsch? Schreibe die Zahlen 1–6 in dein Heft.
Höre dann zu und schreibe **c**, wenn die Sätze richtig sind oder **f**, wenn sie falsch sind.

1. En la fiesta hay tres amigos.
2. Las actividades favoritas de Javi son ver películas, el fútbol y charlar en el cibercafé.
3. Javi tiene doce años.
4. El padre de Sarah tiene una panadería cerca de su casa.
5. El regalo de Sarah y Esteban es un libro.
6. Sarah prepara un pastel de cumpleaños para Javi.

página 57

8 a Haced preguntas sobre Laura y Tomás. | Stelle **A** Fragen über Laura und notiere die Antworten.

¿Cuántos años tiene?	¿Cómo se llama?
¿Dónde vive?	¿Tiene hermanos?
¿Cómo se llaman sus amigos?	
¿Y sus actividades favoritas?	

Tomás

13 años

hermanas: Teresa y Nuria

Avenida de Alemania, 12

amigos: Pedro y Marta

actividades favoritas: escuchar música, tocar la guitarra

b Beantworte die Fragen über Tomás.

c Tauscht eure Ergebnisse aus und korrigiert euch gegenseitig.

UNIDAD 5

página 66

5 Elena llega a casa de Sarah. Preparad un diálogo. | Elena besucht Sarah. Bereitet den Dialog vor und spielt ihn.

Sarah …

2. antwortet, dass es keine Schinkenbrötchen gibt. Aber es gibt *tortilla* und Kartoffelsalat von ihrer Mutter.

4. weiß es nicht und erklärt, dass es wie ensaladilla rusa ist. Sie fragt Elena, was sie möchte (= nimmt).

6. sagt, dass es keinen Saft gibt, aber Wasser. Aber wo ist das Wasser?

8. bedankt sich.

10. erklärt, dass es ein typisch deutscher Kuchen *(un pastel típico de Alemania)* ist, aus der Bäckerei ihres Vaters. Sie gibt Elena ein Stück und wünscht guten Appetit.

Puedes utilizar:
Tengo hambre / sed.
Mira, hay […]. / No hay […], pero hay […].
¡Qué rico!
¿Qué es esto?
¿Qué tomas?
¿Dónde está el agua?
Gracias.
¡Que aproveche!

página 69

1 Completa las frases sobre el texto «En la fiesta». | Ergänze die Sätze über den Text «En la fiesta».

1. Javi está con sus primos en […].
2. Javi quiere ver una película con sus amigos. La película se llama […].
3. Esteban busca en […] un cine para ver la película.
4. […] quiere un vaso de agua y […] quiere un zumo de naranja.
5. Los regalos de cumpleaños están […].

página 72

12 a **Haced el diálogo. | Was sagen die beiden? Formuliere das Gespräch auf Spanisch.**

- A und B begrüßen sich.
- A sagt B, dass er / sie morgen Geburtstag hat.
- B macht A einen Vorschlag, um morgen etwas zu unternehmen.
- A möchte lieber etwas anderes machen und macht einen Vorschlag.
- B ist mit der Idee von A einverstanden.
- A und B verabschieden sich.

¿Por qué no	*ver* una película en mi casa? *comer* un pastel? *tomar* un helado en la heladería? …

Yo prefiero	ver una película en el cine. preparar un pastel. comer en la hamburguesería. …

b **Presentad el diálogo. | Spielt den Dialog vor.**

página 75

5 a **Relaciona los dibujos con el imperativo correcto.** ▸▸ Resumen 1.3, p. 73

toca *tocad* *entra* *entrad* *perdona* *perdonad* *mira*
mirad *escribe* *escribid* *ten cuidado* *tened cuidado*

1

2

3

4

5

6

UNIDAD 6

página 79

3 ¿Tienes una mascota? ¿Cómo es? Habla con tu compañero / tu compañera. | Hast du ein Haustier? Wie ist es? Erzähle es deinem Mitschüler / deiner Mitschülerin.

el hámster

la tortuga

el pez, los peces

los pollitos

el ratón

el loro

los caballos

el conejo de Indias

¿Tienes una mascota?

Sí, tengo un / una [...]
Se llama [...]
Tiene [...] años.

No, pero quiero tener un / una [...].

¿Cómo es?

Es (muy / un poco)
peligroso/-a.
grande.
pequeño/-a.
inteligente.
tonto/-a.
gracioso/-a.
inquieto/-a.
tranquilo/-a.

página 80

4 a Escucha y relaciona.

2|25

el pollito

el gato

el caballo

los periquitos

el perro

página 85

8 ¿Qué piensas sobre tener una mascota? | Was denkst du darüber, ein Haustier zu haben?

Para mí, tener una mascota	es muy no es es un poco	bonito divertido difícil fácil aburrido ...	porque	mi piso es muy grande. puedo salir con ella a pasear. tienes que salir con ella todos los días. tengo miedo de los animales. no tengo tiempo. mis padres no quieren. mi piso es muy pequeño. la mascota es mi amiga.

página 88

//● DELE

1 b Completa con una forma de poder, encontrar o volver.

1. Después del colegio, Sara y Elena [...] a casa para estudiar juntas.
2. Sami, el perro de Sarah, [...] a casa.
3. Elena no [...] su cuaderno co los deberes.
4. Sarah: Muy bien, entonces no [...] / nosotras] estudiar.
5. ¿[...] / nosotras] a la plaza?
6. Elena: No, yo no [...]. Tengo que volver al colegio. Seguro que mi cuaderno está en la clase.

MÓDULO 1

página 93

//○

5 a Pregunta a tu compañero / tu compañera a qué hora hace las siguientes cosas. | Frage deinen Nachbarn / deine Nachbarin, um wie viel Uhr er / sie folgende Sachen macht.

¿A qué hora	sales de casa? llegas al colegio? comes en el colegio / con tu familia? vuelves a casa? preparas tu mochila? chateas con tus amigos?

A la una A las [...]	de la	mañana. tarde. noche.

//○

b Presenta las respuestas de tu compañero / tu compañera en clase. | Stelle der Klasse die Antworten deines Nachbars / deiner Nachbarin vor.

Sophie / [...]	sale de casa llega al colegio come en el colegio/con su familia vuelve a casa prepara su mochila chatea con sus amigos	a la una a las [...]	de la mañana. de la tarde. de la noche.

MÓDULO 2

página 94

//○

1 ¿Cuál es tu asignatura favorita y qué asignatura odias? Explica por qué.

Mi asignatura favorita es	Geografía e Historia Lengua y Literatura Ciencias de la Naturaleza Inglés Matemáticas Educación Plástica y Visual Educación Física Religión Ética Tecnología Español	porque	es son	difícil. interesante. aburrido/-a. divertido/-a. fácil.
Odio			el / la profe es mi profe favorito/-a. aprendo sobre animales. leemos libros interesantes. hablamos sobre cosas interesantes. aprendemos sobre España y América Latina.	

DESTREZAS

VOKABELN LERNEN

Für das Lernen von Vokabeln gibt es viele Strategien. Probiere die aus, die dir am meisten zusagen.
Mehr Spaß macht das Vokabellernen mit **einem Lernpartner / einer Lernpartnerin**.
Lernt zusammen und kontrolliert euch gegenseitig!
Lerne **regelmäßig** Vokabeln. Durch regelmäßiges Wiederholen wandern die gelernten Wörter in dein Langzeitgedächtnis.

1 Mit der lista cronológica lernen

Verwende die Schablone von der Umschlagseite deines Arbeitshefts, um mit der lista cronológica (Wortliste, S. 127) zu lernen.
Neue Wörter (ca. 10–15 Wörter auf einmal) übst du eine Woche lang täglich. Danach wiederholst du die Wörter einmal pro Woche.

Probiere es gleich aus:
Dein Lernpartner / Deine Lernpartnerin hört dich nach einer Woche ab.

2 Mit Karteikarten lernen (Repaso 1)

Neue Wörter merkst du dir leichter, wenn du sie aufschreibst, z. B. auf Karteikarten. So gehst du vor:

1. Schreibe auf die eine Seite der Karteikarte die spanische Vokabel und dazu einen spanischen Beispielsatz. Beispielsätze findest du in der rechten Spalte der lista cronológica, p. 127.
2. Auf die andere Seite schreibst du die deutsche Übersetzung der Vokabel. Du kannst auch ein Bild malen.
3. Wähle 10–15 Karten aus. Lies zuerst das spanische Wort laut. Nenne dann die deutsche Bedeutung. Drehe die Karte um und kontrolliere anhand der Rückseite. Wenn du alle Wörter geübt hast, geht es mit dem nächsten Schritt weiter.
4. Du liest die deutsche Bedeutung und sagst das spanische Wort dazu laut. Dann drehst du die Karteikarte um und kontrollierst. Als Letztes liest du den spanischen Satz laut.

Probiere es gleich aus:
Lege zehn Karteikarten mit dem Wortschatz der Unidad an, die ihr gerade behandelt. Lerne zuerst die zehn Vokabeln auf deinen Karteikarten. Tausche dann die Karteikarten mit deinem Lernpartner / deiner Lernpartnerin und lerne „seine" / „ihre" zehn Wörter. Danach hört ihr euch gegenseitig ab.

3 Wortpaare bilden (Unidad 6)

Überlege dir bei neuen Vokabeln, zu welchen Wörtern sie passen. Bilde dann Wortpaare. Schreibe diese Wörter auf eine Karteikarte und lerne sie zusammen:

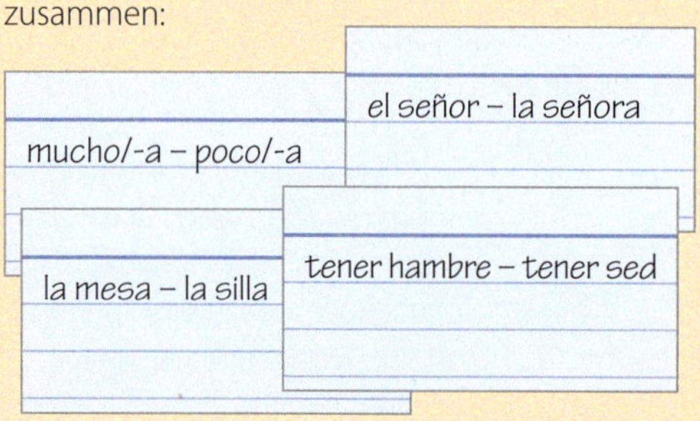

Probiere es gleich aus:

1 Bilde Wortpaare für die folgenden Wörter der Unidad 4: el tío – [...]
la abuela – [...]
la hija – [...]
el padre – [...]
el primo – [...]

2 Bereite für deinen Lernpartner / deine Lernpartnerin fünf Wortpaare wie in der Übung 1 vor. Er / Sie findet die dazu passenden Wörter.

4 **Wörter in einer Mindmap ordnen** (Unidad 3)

Verwende Mindmaps, um den neuen Wortschatz einer Unidad zu ordnen. Was du geordnet hast, merkst du dir besser.

1. Du hast zum Thema el cole z. B. die Wörter rechts gefunden. Bestimme den Oberbegriff.
2. Schreibe das Thema el cole in die Mitte deines Blattes. Trage dann den Oberbegriff la clase und die Unterbegriffe la pizarra und el profe ein.
3. Fallen dir noch weitere Wörter ein, die zum Thema passen? Trage sie geordnet in deine Mindmap ein. Du kannst auch Bilder und Symbole verwenden.

la pizarra, la clase, el profe

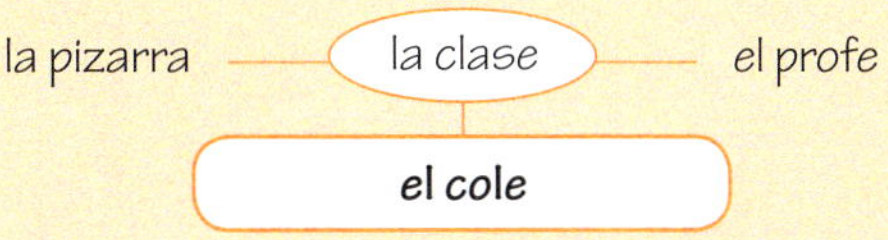

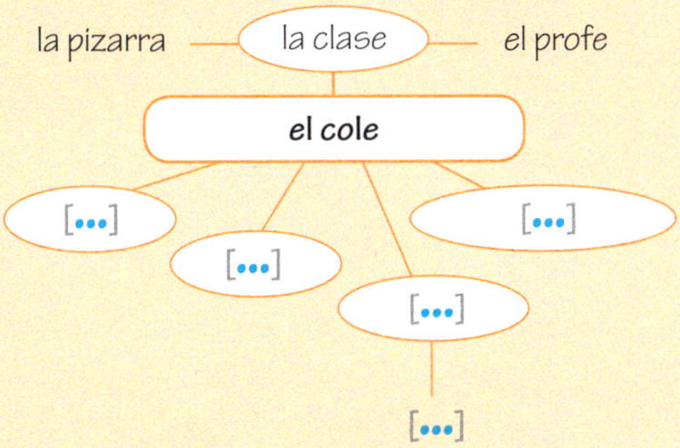

Probiere es gleich aus:
Erstelle eine Mindmap zum Thema Mi barrio.
Sammle deine Mindmaps in deinem Lerntagebuch.
Mindmaps erstellst du auch in der Unidad 4: S. 56.

5 **Wörter gestalten** (Unidad 6)

Wenn du gerne zeichnest, erfinde Wortbilder. Denke dir zu einem Wort eine kleine Zeichnung aus, die zur Bedeutung des Wortes passt.

Probiere es gleich aus:
Gestalte fünf Wortbilder. Hängt eure schönsten Wortbilder in eurem Klassenzimmer auf.

6 **Wörter aussprechen** (Unidad 4)

Sprich das Wort, das du dir einprägen willst, auf unterschiedliche Weise aus: Du kannst es singen, rufen, flüstern …
Probiere auch, das neue Wort laut vor dich hin zu sprechen und dabei an eine Situation zu denken, in der dieses Wort vorkommt.

Probiere es gleich aus:
Wähle mit deinem Lernpartner / deiner Lernpartnerin zehn Wörter aus. Sprecht sie euch abwechselnd auf unterschiedliche Weise vor. Achtet dabei auf die Ausspracheregeln.

7 Merkzettel anfertigen

Schreibe Wörter, die du dir merken willst, auf kleine Klebezettel. Die Zettel klebst du dann an Stellen in deiner Wohnung, die du oft ansiehst.

Probiere es gleich aus:
Suche in der lista cronológica, p. 127, sieben Wörter, die du dir schlecht merken kannst. Schreibe sie auf kleine Zettel und klebe sie gut sichtbar an verschiedene Stellen in deiner Wohnung. Prüfe nach einer Woche, ob du die Wörter nun kannst.

8 Übungen erfinden (Unidad 4)

Wenn du dir Übungen für andere ausdenkst, übst du dabei auch selbst. Hier einige Möglichkeiten:

Wortgitter

In einem Wortgitter versteckst du Vokabeln. Deine Mitschüler/innen finden sie leichter, wenn die Wörter inhaltlich zueinander passen und du die Anzahl der versteckten Wörter vorgibst. In diesem Beispiel findest du vier Wörter zum Thema La habitación.

Probiere es gleich aus:
Verstecke die Familienmitglieder (Unidad 4) in einem Wortgitter und lasse deinen Lernpartner / deine Lernpartnerin die Vokabeln finden.

X	V	A	C	J	I	E	P	P	E
A	I	C	H	E	R	C	O	E	F
P	Q	S	E	I	A	H	M	R	R
M	Z	I	N	N	C	A	M	L	O
H	G	L	A	G	A	Z	C	I	B
P	E	L	I	Q	M	I	U	O	Q
U	C	A	R	M	A	R	I	O	T
R	S	I	A	O	N	E	F	I	N
B	G	T	L	Á	M	P	A	R	A
S	T	A	N	N	J	G	F	O	R

Wortschlangen

Verstecke Wörter, z. B. gebeugte Verben, in Wortschlangen. Dein Lernpartner / Deine Lernparterin muss die einzelnen Formen finden und aufschreiben. Hier eine Wortschlange zum Verb tener:

tienentienetenemostengotienestenéis

Ihr könnt auch Substantive in einer Wortschlange anordnen. Der letzte Buchstabe eines Wortes kann dabei der Anfangsbuchstabe des nächsten Wortes sein, z. B.: *animal_lápiz_zumo_*[...]

Ergänzt die Wortschlange mit weiteren Substantiven. Wer bildet die längste Wortschlange?

Probiere es gleich aus:
Erstelle für deinen Lernpartner / deine Lernpartnerin eine Wortschlange zu einem dieser Verben: ser, estar, tocar, preparar.

Kreuzworträtsel

Kreuzworträtsel sind etwas aufwendiger.
So gehst du vor:

1. Schreibe die Wörter auf, die du abfragen willst, z. B.:
   escuchar – bocadillo – agua – regalo – fiesta
2. Ordne diese Wörter in einem Kreuzworträtsel an.
3. Nummeriere deine Einträge.
4. Überlege, wie du nach diesen Wörtern fragen kannst. Hier zwei Vorschläge:
   – Du gibst das deutsche Wort an.

   1. *hören*

   – Du bildest einen Satz, in dem das Wort vorkommt, lässt das Wort aber weg. **Tipp:** Beispielsätze findest du auch in der lista cronológica, p. 127, in der rechten Spalte.

   1. *Esteban ~ música en su habitación.*

5. Tauscht eure Rätsel aus und löst sie jede/r für sich. Kontrolliert die Lösungen gegenseitig anhand eurer Vorlagen.

Das ist deine Vorlage:

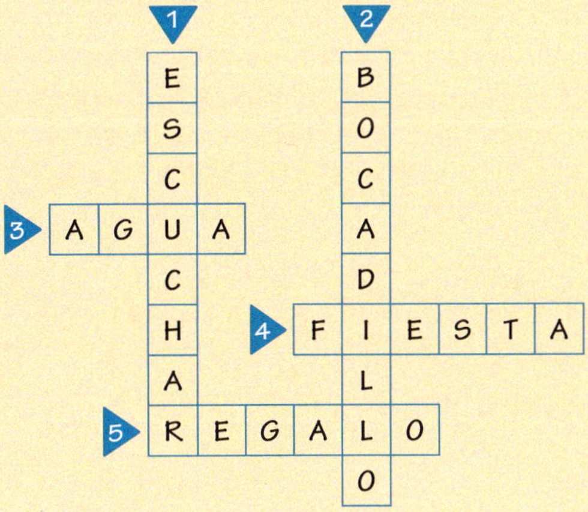

Probiere es gleich aus:
– Formuliere Sätze (= Schritt 4) für die Wörter 2–5 des Kreuzworträtsels oben. Kontrolliere die Sätze noch einmal.
▸ Nach dem Schreiben, S. 120
– Erstelle für deinen Lernpartner / deine Lernpartnerin ein Kreuzworträtsel zum Thema En casa (Unidad 3).

■■■ HÖREN

1 Vor dem Hören (Unidad 2)

Die Aufgabenstellung lesen und verstehen

1. Zuerst liest du dir die Aufgabenstellung genau durch und stellst dich auf die beschriebene Situation ein. Du erfährst z. B., ob du ein Gespräch am Telefon, auf dem Markt oder in der Schule hören wirst. Neben einigen Aufgaben stehen Bilder. Sie liefern dir wichtige Informationen.
2. Oft musst du aus einem Hörtext nur bestimmte Informationen heraushören. Lies also die Aufgabenstellung ein zweites Mal gründlich durch und frage dich, was du erfahren sollst.
3. Schreibe Signalwörter auf, auf die du achten willst.

Probiere es gleich aus:
1 Schüler aus verschiedenen Städten sprechen über ihr Wohnviertel. Du sollst heraushören, wer in der Nähe des Fußballstadions wohnt. Überlege dir, auf welche Wörter du beim Hören besonders achten musst.
2 Vergleiche deine Wörter mit denen, die dein Lernpartner / deine Lernpartnerin aufgeschrieben hat. Besprecht eure Ergebnisse zu zweit.

Tabelle vorbereiten

Bereite eine Tabelle vor, in die du während des Hörens die gesuchten Informationen einträgst. Du sollst z. B. herausfinden, wer auf einer Geburtstagsfeier was essen / trinken möchte. Dazu legst du dir eine Tabelle mit den Namen der Schüler/innen und einer weiteren Zeile für den Wochentag an.

	Javi	Esteban	Elena	Sarah
¿Qué?	helado			

Probiere es gleich aus:
Lies die folgende Aufgabenstellung und bereite eine Tabelle vor. Vergleiche im Anschluss deine Tabelle mit der deines Lernpartners / deiner Lernpartnerin:
– Javi feiert Geburtstag. Elena, Sarah und Esteban haben schon alle ein Geschenk für ihn gekauft. Wer schenkt ihm was? Hör zu und schreibe mit.

2 **Während des Hörens** (Unidad 5)

Ihr hört den Text immer mindestens zweimal. Beim ersten Mal hörst du nur zu. Setze dich möglichst entspannt hin und stelle dich darauf ein, einen spanischen Text zu hören. Im Anschluss kannst du dir erste Notizen machen. Beim zweiten Hören achtest du ausschließlich auf die gesuchten Informationen und ergänzt deine Notizen.

Notizen machen (Unidad 6)

Du hast beim Hören wenig Zeit zum Schreiben. Du machst dir also nur kurze Notizen. Das heißt, du schreibst keine Sätze, sondern Stichwörter auf. Verwende Spiegelstriche und Doppelpunkte. Dadurch werden deine Notizen übersichtlicher.

nombre: Sofía
de: Perú

Probiere es gleich aus:

1 In der Übung S. 70/3 b (Unidad 5) sollst du Fragen zum Text beantworten. Höre dir den ganzen Text einmal ganz an und mache dir Notizen (Stichwörter). Anhand deiner Notizen formulierst du deine Antworten aus.
2 Vergleicht eure Notizen zu den Fragen zu zweit. Habt ihr die gleichen Informationen mitgeschrieben? Ergänzt eure Notizen.

Abkürzungen verwenden

Du kannst beim Mitschreiben Zeit sparen, wenn du Abkürzungen verwendest.
Überlege dir deine persönlichen Abkürzungen und Zeichen.
Du kannst z. B. = für igual / *gleich* und ≠ für diferente / *ungleich* bzw. *nicht* oder + für y / *und* bzw. más / *mehr* verwenden.
Lass Artikel und Konjunktionen weg.
Lange Wörter kannst du abkürzen, z. B.: la bicicleta = bici, el colegio = cole, el cumpleaños = cumple.

Sarah + Javi = ☺

Probiere es gleich aus:

1 Überlege dir für folgende Wörter Abkürzungen und Zeichen: bien, mal, con, mañana, entonces, menos. Was haben sich die anderen ausgedacht? Vergleicht.
2 Gebt euch weitere Wörter aus der lista cronológica, p. 143 vor und kürzt sie ab. Achtung: Ihr selbst müsst sie wieder verstehen können!

3 **Nach dem Hören: Notizen überprüfen und ergänzen** (Unidad 6)

Nach dem Hören liest du dir deine Notizen in Ruhe durch und ergänzt sie so, dass du sie gut wiedergeben kannst. Wenn dir Informationen fehlen, dann setze an diese Stelle ein Fragezeichen. Überlege, warum dir diese Informationen fehlen. Hast du z. B. eine Zahl nicht verstanden, weil es dir zu schnell ging? Dann wiederhole die Zahlen und höre den Text noch einmal.

Probiere es gleich aus:

1 Was bedeuten die folgenden Notizen? Schreibe die Sätze auf.
Elena + Esteb.: mña cine
Javi: ☺ helado
2 Sucht euch ein bis zwei Sätze aus einem Text im Buch aus und diktiert sie euch gegenseitig. Vergleicht eure Notizen.

SPRECHEN

Du willst der Klasse z. B. deinen Lieblingsstar oder deine Traumwohnung präsentieren. Wie gelingt dein Vortrag am besten?

1 Vor der Klasse sprechen

Einen Vortrag vorbereiten (Unidad 3)
Zuerst sammelst du Informationen. Du kannst die Informationen z. B. in einer Mindmap anordnen (siehe S. 111). Formuliere anhand der Mindmap deinen Text und lass ihn von deinem Lehrer / deiner Lehrerin korrigieren.
Du erreichst deine Zuhörer besser, wenn du nicht abliest. Verwende deshalb für deinen Vortrag nur Stichpunkte, die du auf der Grundlage deines Textes anfertigst. Du kannst auch den „Kniff mit dem Knick" ausprobieren (siehe S. 116).

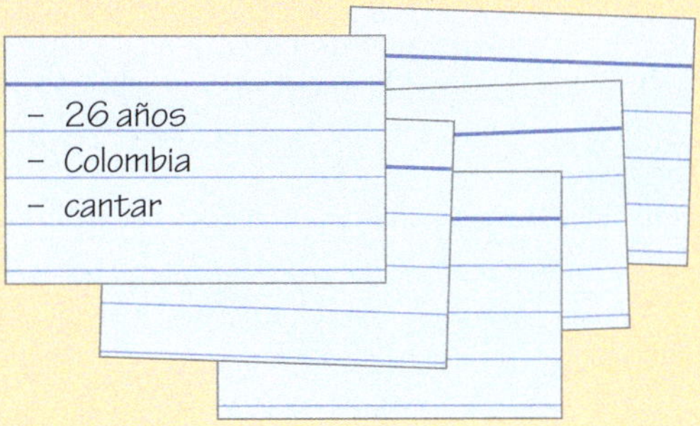

Einen Vortrag veranschaulichen (Unidad 3)
Du kannst eine Collage, ein Poster, eine Power-Point-Präsentation oder eine Folie zu deinem Vortrag anfertigen. Dazu suchst du zu deinem Thema passende Fotos aus oder zeichnest Bilder.
Du hast dich für ein Poster entschieden: Ordne die Bilder, klebe sie auf und schreibe Bildunterschriften darunter. Die einzelnen Bilder und Texte nummerierst du in der Reihenfolge, in der du sie besprechen willst. So kannst du dich während deines Vortrags an ihnen orientieren.

Probiere es gleich aus:
Erstelle mit deinem Lernpartner / deiner Lernpartnerin gemeinsam ein Poster zum Thema „La casa de nuestros sueños (Unser Traumhaus)". Verwendet Bilder und schreibt Bildunterschriften dazu. Ihr könnt eure Poster im Klassenraum aufhängen.

Vor einem Publikum sprechen (Unidad 3)
Übe deinen Vortrag vor dem Spiegel oder vor Freunden, Eltern oder Geschwistern. So machst du dich mit dem Text vertraut und merkst, wo du vielleicht noch üben musst.
Verwende nur bekannte Wörter. Wenn du neue Wörter benutzen willst, besprichst du sie am besten vorher mit deinem Lehrer / deiner Lehrerin. Die neuen Wörter und ihre Übersetzung schreibst du vor deinem Vortrag an die Tafel.
Schau die Lerngruppe während deines Vortrags an. Sprich langsam und deutlich und mache Pausen, damit alle deinem Vortrag folgen können. Während deiner Präsentation benutzt du z. B. dein Poster als Hilfe. Zeige auf dem Poster, worüber du gerade sprichst.

Probiere es gleich aus:
Stellt euch in Vierergruppen anhand eurer Poster eure Traumhäuser vor.
Du beginnst und die anderen hören zu.
Sie achten darauf, ob du deutlich sprichst, sie ansiehst und das Poster verwendest.
Besprecht den Vortrag in der Gruppe.
Dann ist der Nächste / die Nächste an der Reihe.

2 Ein Rollenspiel oder eine Szene vorspielen

Das Rollenspiel / Die Szene vorbereiten (Unidad 5)
Sammelt zuerst gemeinsam Ideen für eure Szene oder euer Rollenspiel. Anschließend notiert ihr Wörter und Ausdrücke und schreibt gemeinsam den Text. Verteilt dann die Rollen untereinander. Jede/Jeder übt zunächst seinen / ihren Text für sich. Ihr könnt den „Kniff mit dem Knick" anwenden (siehe unten).

Requisiten und Kostüme einsetzen (Unidad 6)
Überlegt euch, mit welchen Requisiten (Gegenständen) ihr euer Spiel anschaulicher und lebendiger gestalten könnt. Wenn eure Szene z. B. nach der Schule spielt, habt ihr eure Jacken an und eure Schultaschen dabei.
In eurer Szene kommen vielleicht auch Geräusche vor. Ihr spielt z. B. eine Szene in der U-Bahn und ein Handy klingelt. Überlegt euch, wie ihr die Geräusche erzeugt und wer dafür zuständig ist. Ihr könnt auch Musik aussuchen und abspielen.

Probiere es gleich aus:
1 Bei dir zu Hause ist Chaos: Der Fernseher läuft, dein Bruder will etwas von dir wissen, das Telefon klingelt und deine Schwester hört laut Musik. Deine Eltern fragen dich, ob du deine Hausaufgaben schon gemacht hast.
- Welche Gegenstände kannst du für diese Szene verwenden?
- Welche Musik passt dazu?
- Welche Geräusche kannst du einsetzen? Mache dir Notizen.

2 Vergleiche deine Ideen mit denen deines Lernpartners / deiner Lernpartnerin.

Körpersprache einsetzen (Unidad 6)
Überlegt bereits beim Schreiben und Einstudieren der Szene passende Gesichtsausdrücke und Bewegungen.
An welchen Stellen eurer Szene wollt ihr laut, leise, überrascht oder ungeduldig sprechen? Schreibe dir diese Anweisungen zu deiner Textvorlage. Bei euren Proben übst du Gesichtsausdrücke, Körperbewegungen und Sprechweise gleich mit.

Probiere es gleich aus:
1 Sucht euch zu zweit eine Szene aus einem beliebigen Text der Unidades aus, die ihr bereits behandelt habt. Ihr spielt die Szene ohne Worte. Überlegt euch, wie ihr sie darstellt, welche Körperbewegungen, Gesichtsausdrücke, Geräusche und Gegenstände passen könnten.
2 Spielt die Szene vor. Eure Mitschüler/innen erraten, um welche Szene es sich handelt.

Freies Sprechen:
Der „Kniff mit dem Knick" (Unidad 6)
Der „Kniff mit dem Knick" ist ein (genehmigter) Spickzettel. Du schreibst in die oberen zwei Drittel eines Blattes die Sätze, die du für deinen Vortrag vorbereitet hast. In das untere Drittel schreibst du nur die wichtigsten Stichwörter.
Beim Vortragen oder Vorspielen sprichst du frei. Ab und zu schaust du auf deine Stichwörter.
Wenn du nicht weiter weißt, klappst du dein Blatt auf und liest nach.

Probiere es gleich aus:
Bereite mit deinem Lernpartner / deiner Lernpartnerin ein Rollenspiel vor: Spielt eine Szene, in der ihr euch verabredet und überlegt, was ihr tun wollt. Verwendet den „Kniff mit dem Knick".

LESEN

1 Wörter verstehen

Du kannst Wörter verstehen, die du noch nicht gelernt hast.
Es gibt verschiedene Möglichkeiten, die Bedeutung eines unbekannten Wortes zu erschließen.

Wörter über Bilder erschließen (Unidad 1)

1. Schau dir zuerst die Bilder und Fotos, die einen Text begleiten, genau an. Achte auch auf Bildunterschriften. Die Bilder helfen dir, einzelne unbekannte Wörter zu verstehen.

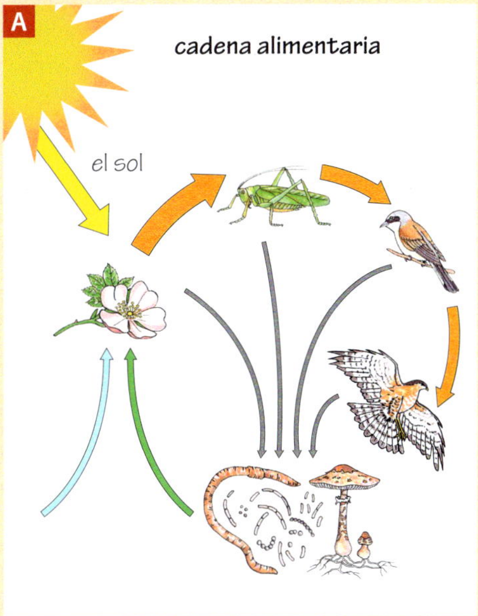

Probiere es gleich aus:

1. Schau dir das Schema (A) genau an und überlege dann mit deinem Lernpartner/deiner Lernpartnerin, was hier dargestellt wird.
2. Was bedeutet cadena alimentaria?
   - die Sonnenenergie
   - die Nahrungskette
   - Tiere im Wald
3. Was bedeutet el sol?
4. Vergleicht eure Antworten in der Klasse und besprecht, wie ihr auf sie gekommen seid.

2. Wörter auf Schildern kannst du besser erschließen, wenn du weißt, wozu ein Schild dient.

Probiere es gleich aus:

- Überlegt zu zweit, was abogado auf diesem Türschild (B) angibt:
  - den Beruf
  - das Lieblingsgemüse
  - den Familienstand (ledig, verheiratet, …)

  von Juan Moreno?
- Was bedeutet abogado?
  Woher weißt du das?

Kenntnisse aus anderen Sprachen nutzen (Unidad 2)

Viele Wörter verschiedener Sprachen haben denselben Ursprung und sind sich deshalb ähnlich. Nutze dein Wissen aus anderen Sprachen, um dir spanische Wörter zu erschließen und sie dir zu merken.

el supermercado — der Supermarkt
supermarket — süpermarket

Probiere es gleich aus:

- Was bedeuten diese Wörter auf Deutsch?
  el ejercicio, la capital, la aventura, el actor, el aeropuerto, la guitarra, el limón
  Wie bist du darauf gekommen?
- Kennst du andere Wörter, die sich in verschiedenen Sprachen ähneln? Sammelt zu zweit weiter. Tauscht euch dann mit euren Mitschülern/Mitschülerinnen aus.

Mit den alphabetischen Wortlisten arbeiten

In diesem Spanischbuch gibt es ein spanisch-deutsches, S. 149–153, und ein deutsch-spanisches Wörterverzeichnis, S. 154–157. Dort findest du alle Wörter, die du im Laufe des Schuljahres lernst.

1. Die deutsche Bedeutung eines spanischen Wortes nachschlagen

   Du weißt nicht, was la avenida auf Deutsch heißt? Schlage in der alphabetischen Wortliste Spanisch–Deutsch nach (Lista alfabética), S. 149–153. Suche das Wort unter seinem Anfangsbuchstaben. Zusammengesetzte Wörter findest du unter dem Anfangsbuchstaben des ersten Wortes.

la **avenida** die Allee 2T

↑ bei Substantiven wird vor dem Wort der Artikel angegeben. Daran erkennst du das Geschlecht des Wortes.

↑ Die farbige Angabe zeigt, an welcher Stelle im Buch das Wort zum ersten Mal vorkommt: 2T steht für Unidad 2, Text.

Verben sind in ihrer Grundform (Infinitiv) eingetragen.

Javi lee un libro. → Infinitiv: leer

encontrar (o/ue) finden 6T

↑ Die blaugedruckten Verben sind unregelmäßig, bzw. weisen eine Besonderheit auf.

↑ (o/ue) bedeutet, dass das Verb encontrar den Stammvokal verändert (verbos con diptongación, s. S. 124).

Javi no encuentra su cuaderno.

Bei Adjektiven auf -o wird auch die weibliche Endung -a angegeben:

nuevo/-a *adj.* neu 1T

↑ Die Angabe *adj.* bedeutet, dass es sich bei diesem Eintrag um ein Adjektiv handelt.

Probiere es gleich aus:

1 Finde erst die Infinitive (Grundformen) der folgenden Verben (siehe auch Die Verben / Los verbos, S. 124). Schlage sie dann in der alphabetischen Wortliste nach.
Was bedeutet: somos, estáis, tiene, sé, ves, prefieren, salgo?

2 Vergleiche deine Infinitive mit denen deines Lernpartners / deiner Lernpartnerin.

2. Die spanische Bedeutung eines deutschen Wortes nachschlagen

   Du bist dir nicht sicher, was „suchen" auf Spanisch heißt. Schlage das Deutsch-Spanische Wörterbuch, S. 154–157 auf. Suche das Wort unter seinem Anfangsbuchstaben.

suchen buscar 3T

↑ Dieses Wort kommt zum ersten Mal in der Unidad 3, Text vor.

Probiere es gleich aus:

1 Wie sagt man „schreiben", „die Wahrheit" und „das Pferd" auf Spanisch.

2 In welcher Unidad kommen diese Wörter zum ersten Mal vor?

3 Auf welcher Seite hast du sie gefunden?

4 Vergleiche deine Ergebnisse mit denen deines Lernpartners / deiner Lernpartnerin.

2 Einen Text lesen und verstehen

Versuche zunächst, die Hauptaussage eines Textes zu entschlüsseln. Dazu musst du nicht jedes einzelne Wort verstehen.

Auf Form und Gestalt eines Textes achten

Bevor du einen Text liest, schau ihn dir an. Die Gestalt des Textes gibt dir bereits Hinweise auf seinen Inhalt. Bilder oder Fotos zeigen häufig, was im Text beschrieben ist, oder ergänzen den Text.

Probiere es gleich aus:
1 Besprecht zu zweit, um was für einen Text es sich bei A handelt.
Woran habt ihr das erkannt?
2 Seht euch zu zweit Text B an.
– Was ist das für ein Text?
– Wer hat den Text geschrieben?
– An wen richtet er sich?
– Wann und wo wurde er geschrieben?
Wieso habt ihr das alles sofort erkannt?
3 Präsentiert eure Ergebnisse der Klasse.

A

Entradas	
Gazpacho	2,85 €
Ensalada verde	3,50 €
Paella valenciana (para dos personas)	8,40 €
Croquetas de pollo	6,00 €
Mariscos	
Calamares fritos	4,20 €
Gambas a la cazuela	4,80 €
Pescados	
Pez espada a la plancha	8,00 €
Merluza a la gallega	10,50 €
Carnes	
Filete ibérico	9,00 €
Pollo a la plancha	7,30 €
Lomo adobado	8,60 €
Postres	
Flan de caramelo	2,50 €
Macedonia	2,50 €

B

de: sarah2000
fecha: sábado, 16/08/2014, 11:45
para: Javi_14@terra.es
Asunto: Re: ¿Qué tal Hamburgo?

¡Hola Javi!
Aquí me lo paso genial. Mi abuela prepara todos los días platos típicos de Alemania. ☺
Hamburgo es una ciudad muy interesante con un puerto muy grande. Hay muchas cosas que ver y casi todos los días hacemos una excursión.
Mañana vamos a Hagenbeck (un zoológico muy famoso).

Saludos y bis bald (= hasta pronto en alemán ☺)
Sarah

Auf Überschriften und Schlüsselwörter achten (Repaso 2)

Überfliege einen Text, um herauszufinden, worum es geht. Dabei achtest du zunächst nur auf Überschriften. Sie geben dir Hinweise auf das Thema des Textes. Außerdem gliedern sie den Text in Sinnabschnitte.
Achte auch auf Schlüsselwörter. Sie liefern wichtige Informationen zum Inhalt des Textes.

Probiere es gleich aus:
1 Welche Schlüsselwörter enthält deiner Meinung nach ein Text über eine Geburtstagsparty? Notiere fünf (deutsche) Wörter.
2 Einigt euch zu zweit auf fünf gemeinsame Wörter.
3 Fragt euren Lehrer / eure Lehrerin nach der spanischen Übersetzung dieser Wörter.
4 Vergleicht mit dem Text der Unidad 4, S. 54. Wie viele eurer Schlüsselwörter findet ihr im Text wieder?

Einen Text genau lesen (Unidad 5)

Du hast den Text überflogen und dir einen ersten Eindruck verschafft. Danach liest du ihn genau und achtest dabei auf Details. Fragen können dich beim Lesen leiten. Welche Fragen kennst du aus dem Deutschunterricht, die du an einen Text richten kannst? Sammelt die Fragen gemeinsam in der Klasse.

Wer?	Wer hat Geburtstag?
Was?	Was passiert?
W…?	

Probiere es gleich aus:
1 Überfliege den Text auf S. 83 und schau dir die Bilder an. Dann lies ihn genau. Formuliere drei Fragen (auf Deutsch) zu der Geschichte.
2 Tausche mit deinem Lernpartner / deiner Lernpartnerin die Fragen aus. Beantwortet jede/jeder die Fragen.

SCHREIBEN

1 Vor dem Schreiben: Ideen sammeln und ordnen (Unidad 5)

Du sollst z. B. dein Viertel beschreiben. Lies dir die Aufgabenstellung genau durch und finde heraus, was von dir verlangt wird. Schreibe dann deine Ideen auf. Dafür kann es nützlich sein, den Text der passenden Unidad noch einmal zu lesen. Schreibe spanische Wörter und Ausdrücke auf, die du verwenden willst und ordne sie, z. B. in einer Mindmap (siehe S. 111). Verfasse auf dieser Grundlage deinen Text.

Probiere es gleich aus:
Schreibe eine E-Mail an einen spanischen Schüler, der Freunde in Deutschland sucht. Darin stellst du dich vor und fragst ihn nach seinen Hobbys und Haustieren. Denke an Anrede und Verabschiedung.

2 Nach dem Schreiben: Mit einer Fehlerliste eigene Texte überprüfen (Unidad 5)

Lies deinen Text nach dem Schreiben in Ruhe noch einmal. Hast du alles gesagt, was die Aufgabe von dir verlangt?
Dann kontrollierst du, ob du alles richtig geschrieben hast. Dafür liest du deinen Text rückwärts, Satz für Satz. Auf diese Weise entdeckst du Fehler leichter. Gehe die folgende Liste durch und korrigiere, falls nötig, deinen Text:

los amigos, mis amigos	Passen Begleiter und Nomen zusammen? ✔
Sarah y Elena hablan español	Passen Subjekt und Verbform zusammen? ✔
Y vosotros, ¿dónde vivís?	Hast du an die Satzzeichen gedacht? ✔
mañana, la heladería, habitación, sí	Hast du alle Akzente richtig gesetzt? ✔
La casa de Ana está cerca.	Großschreibung nur bei Satzanfängen und Namen ✔

Probiere es gleich aus:
1 Finde die Fehler im Text A mithilfe der Fehlerliste und korrigiere sie im Heft.
2 Überprüfe die von dir geschriebene E-Mail (siehe Aufgabe 1 auf der Karteikarte oben).
3 Tauscht dann eure Texte aus und korrigiert sie gegenseitig.

A
Yo y mi amigo Sarah viven en el barrio San Blas de Alicante. ||
En el barrio hay una heladeria y un hamburguesería. ||
A veces tomamos la helado con nuestros amigo. | |
El padre de Sarah trabajan en una panadería. |
Hay tambien una academia de danza. |
Allí aprendo el baile espanol. |

3 Kooperatives Lernen: Think – pair – share

1. Piensa (Think)
Zuerst löst du die Aufgabe alleine. So kannst du konzentriert nachdenken und deinen eigenen Lösungsweg finden.
2. Discute (Pair)
Dann besprecht ihr eure Ergebnisse zu zweit.
3. Comparte (Share)
Anschließend tragt ihr eure Ergebnisse in der Gruppe oder in der Klasse zusammen. Ihr berücksichtigt die Meinungen aller und einigt euch auf ein gemeinsames Ergebnis.

Probiere es gleich aus:
Ihr sollt „Informationen und Tipps fürs Lernen" in eurem Spanischbuch finden (Unidad 1, S. 17):
1 Jede/r sucht im Buch und macht sich Notizen.
2 Dann arbeitet ihr zu zweit und stellt euch gegenseitig eure Ergebnisse vor. Hört euch gut zu und fragt nach, wenn ihr etwas nicht verstanden habt. Einigt euch auf drei Tipps, die ihr den anderen vorstellen wollt.
3 Stellt eure Tipps in der Gruppe / Klasse vor.

4 Placemat

Bei dieser Form des kooperativen Arbeitens diskutiert ihr in der Gruppe über ein Thema. Das Ergebnis eurer Diskussion haltet ihr in der Mitte eines Blattes fest.

1. Ihr sollt spanische Wörter und Ausdrücke sammeln, die zum Thema mi habitación passen. Alle schreiben in ihr Feld, was ihnen dazu einfällt.
2. Eine/r in der Gruppe übernimmt die Gesprächsführung. Er/Sie sorgt dafür, dass alle zu Wort kommen. Alle stellen vor, was sie eingetragen haben und hören den anderen zu.
3. Ihr diskutiert über eure Wörter. Sind alle hier richtig? Gibt es Wörter, die ihr alle aufgeschrieben habt? Einigt euch auf fünf Wörter. Die Entscheidung begründet ihr gemeinsam.
4. Ein Gruppenmitglied trägt diese fünf Wörter in die Mitte des Placemats ein.
5. Euer Lehrer/Eure Lehrerin fordert eine/n von euch auf, euer Ergebnis der Klasse vorzustellen.

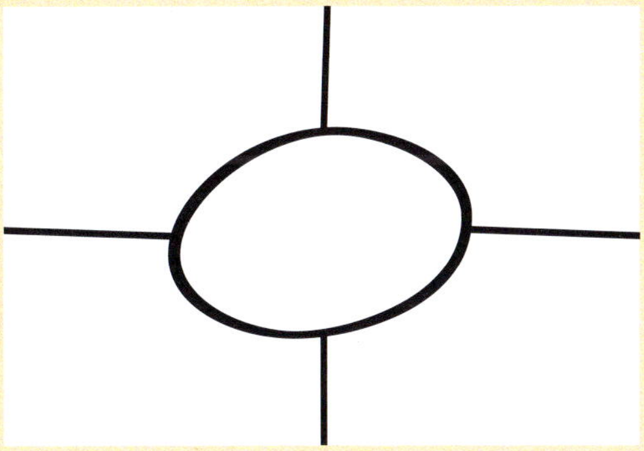

Probiere es gleich aus:
In der Unidad 6 lernst du, über Haustiere zu berichten.
Überlege und notiere auf Deutsch, was du brauchst und können musst, um darüber zu schreiben (z. B. Tierbezeichnungen/Adjektive). Erarbeitet in vier Schritten ein Ergebnis im Placemat. Stellt euer Ergebnis der Klasse vor.

5 Quedar

Bei dieser Methode „verabredest" du dich mit Mitschülern/Mitschülerinnen, mit denen du gemeinsam eine Übung lösen möchtest.

1. Du sollst verschiedene Schüler danach fragen, ob sie ein Haustier haben und wenn ja, welches.
   Zuerst bereitest du eine Tabelle vor: In die linke Spalte schreibst du die Zahlen 1–5. Über die beiden anderen Spalten schreibst du nombre und mascota.
2. Beim Signal deines Lehrers/deiner Lehrerin läufst du durch die Klasse und verabredest dich für jede Zahl mit je einem Schüler/einer Schülerin. Die Namen schreibst du in die Tabelle. unter nombre.
3. Beim Signal «Uno» begibst du dich schnell zu deiner Verabredung für die Zahl 1 und fragst sie nach ihren Haustieren. Erzähle auch von deinen. Schreibt beide die Ergebnisse auf. Beim nächsten Signal geht es weiter, bis die Tabelle voll ist.
4. Am Ende fordert dein Lehrer/deine Lehrerin eine/n von euch auf, seine/ihre Ergebnisse vorzustellen.

	nombre	mascota
1		
2		
3		
4		
5		

Probiere es gleich aus:
1. Macht eine Umfrage zu eurem Wohnbezirk. Dazu erstellt ihr zuerst eine Tabelle. Verabredet euch mit jeweils fünf Mitschülern/Mitschülerinnen.
2. Auf die Signale hin befragt ihr euch gegenseitig: ¿Qué hay en tu barrio?

PEQUEÑO DICCIONARIO DE CULTURA Y CIVILIZACIÓN

Kleines landeskundliches Wörterbuch

Alicante *320 000 Einwohner*

Spanische Hafenstadt an der *Costa Blanca* (Weiße Küste). Amtssprachen sind Spanisch und Valencianisch, beide werden auch in der Schule unterrichtet. Zu den wichtigsten Wirtschaftszweigen von Alicante gehören der Weinbau und der Tourismus. **U1** / Ac.

Baile español
Zu den bekanntesten spanischen Tänzen gehören der *Flamenco*, der *Bolero* sowie der *Tango andaluz*. Der *Bolero* als spanischer Nationaltanz entwickelte sich aus der *Sevillana* und wird von zwei Personen mit Kastagnetten getanzt sowie meist instrumental begleitet. **U2** / A

Barrio San Blas (Alicante)
Altes Stadtviertel in Alicante mit eigener Tradition. Sehr beliebt ist das traditionelle Fest der *Moros y Cristianos*, das in Gedenken an die Kämpfe der Reconquista (Zurückeroberung der iberischen Halbinsel) alljährlich begangen wird. **U2** / A

Castillo Santa Bárbara (Alicante)
Eine der größten Burgen der Mittelmeerregion und Wahrzeichen von Alicante. Das *Castillo de Santa Bárbara* liegt auf dem 166 Meter hohen Berg *Monte Benacantil*. Aufgrund ihrer günstigen Lage mit weitem Blick über die gesamte Bucht von Alicante zählt die Burg zu den beliebtesten Ausflugszielen der Stadt. **U2** / Ac.

Costa Rica *4,3 Mio. Einwohner*
Mittelamerikanisches Land mit der Hauptstadt *San José*. Amtssprache ist Spanisch. Costa Rica grenzt an Nicaragua und Panamá sowie an die Karibik und den Pazifik. Im Land herrscht tropisches Klima, gekennzeichnet durch ganzjährige warme Temperaturen sowie einer Regen- und Trockenzeit. In Costa Rica gibt es noch sehr aktive Vulkane, wie der *Arenal*. Höchster Berg ist der *Chirripó Grande* (3 820 Meter). **U1** / Ac.

Estadio de Alicante (José Rico Pérez)
Stadion in Alicante mit 29 500 Zuschauerplätzen. Austragungsort für die Fußballspiele der bekannten Vereine Hércules C. F. und Alicante C. F. **U2** / A

Paseo de la Explanada de España (Alicante)
Sehr schöne Strandpromenade in Alicante, aus vielen Millionen Mosaiksteinchen bestehend, die das Bild von Meereswellen darstellen. Die Promenade ist ein beliebter Anziehungspunkt der Einheimischen für Spaziergänge und abendliche Konzerte. **U2** / Ac.

Playa del Postiguet (Alicante)
Sehr langer Strand im Herzen von Alicante. Auf Grund seines feinen weißen Sandes und zahlreicher Cafés beliebter Treffpunkt der Einheimischen an heißen Sommertagen. **U2** / Ac.

Safari Aitana
Erlebnis-Tierpark in der Provinz Alicante. Auf einer Gesamtfläche von 1 500 000 m² können die Besucher viele Tiere wie Giraffen, Nilpferde und Elefanten in ihrem natürlichen Lebensraum beobachten und kennen lernen, da sie sich in freien Wildgehegen bewegen. **U6** / B

San José *340 000 Einwohner*

Hauptstadt von Costa Rica. San José liegt im zentralen Hochland in einer Höhe von 1 160 Metern und ist von Bergen und Vulkanen umgeben. Es herrschen ganzjährig fast immer konstante Temperaturen von 20° C. Die Stadt ist Sitz der Regierung sowie Wirtschafts- und Kulturzentrum des Landes. **U1** / Ac.

Zipi y Zape

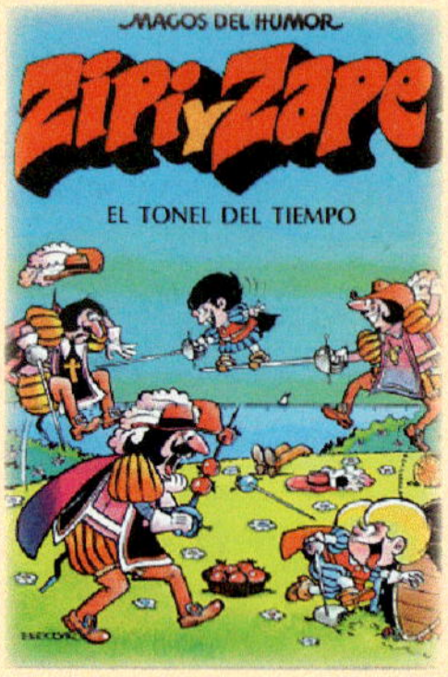

Zipi und *Zape* gehören zu den bekanntesten Figuren des spanischen Comics. Ihr Erfinder ist der bereits verstorbene Comicautor José Escobar.
Die Zwillingsbrüder *Zipi* und *Zape* verbringen ihre Zeit mit kleinen Streichen und Dummheiten. Damit machen sie ihrem Namen alle Ehre, denn zusammengesetzt bedeutet *zipizape* soviel wie „Radau" oder „Lärm". **U5** / A

EL ALFABETO | Das Alfabet

a [ɑ]	e [e]	j [xota]	n [ene]	r [erre]	w [uβe doble]
b [be]	f [efe]	k [ka]	ñ [eɲe]	s [ese]	x [ekis]
c [θe]	g [xe]	l [ele]	o [o]	t [te]	y [iɣrjeɣa]
ch [tʃe]	h [atʃe]	ll [eʎe]	p [pe]	u [u]	z [θeta]
d [de]	i [i]	m [eme]	q [ku]	v [uβe]	

LOS SIGNOS DE PUNTUACIÓN | Die Zeichen im Satz

Esta noche hay una fiesta en el Barrio San Blas. Elena lee un e**-**mail de los chicos con una idea genial**:** quieren llevar ropa original y divertida.

Sarah lleva unas gafas de sol muy grandes y muy **«**monas**»**, como dice ella. Javi **…** pues Javi lleva ropa negra. **¡**Mola mucho**!** **–** dicen Sarah y Esteban. Elena quiere llevar una falda verde**,** una **g**orra verde y unas zapatillas verdes **(**a ella le gusta mucho el color verde**)**; pero no sabe dónde está la falda.

«**¿**Qué hago**?**», piensa Elena. Su madre, que está en el baño, tampoco sabe**.**

LA MAYÚSCULA

el guión

los dos puntos

las comillas

los puntos suspensivos

los signos de exclamación

el guión largo

la coma

la minúscula

los paréntesis

el punto y coma

los signos de interrogación

el acento ortográfico o la tilde

la tilde

el punto

LOS NÚMEROS EN ESPAÑOL | Die spanischen Zahlen

0	cero	12	doce	26	veintiséis
1	uno, una, un	13	trece	30	treinta
2	dos	14	catorce	31	treinta y uno/-a, y un
3	tres	15	quince	32	treinta y dos
4	cuatro	16	dieciséis	33	treinta y tres
5	cinco	17	diecisiete	40	cuarenta
6	seis	18	dieciocho	50	cincuenta
7	siete	19	diecinueve	60	**ses**enta
8	ocho	20	veinte	70	**set**enta
9	nueve	21	veintiuno/-a, -ún	80	ochenta
10	diez	22	veintidós	90	**no**venta
11	once	23	veintitrés	100	ciento, cien

LOS VERBOS | Die Verben

Hier findest du die Konjugationen oder Konjugationsmuster aller Verben, die du in **¡Apúntate ya!** gelernt hast.

1 Die Hilfsverben | Los verbos auxiliares

infinitivo	**ser**	**estar**	**haber**
presente	**soy** **eres** **es** **somos** **sois** **son**	**estoy** est**ás** est**á** est**amos** est**áis** est**án**	**hay**
imperativo	**sé**, **sed**	est**á**, est**ad**	

2 Die regelmäßigen Verben auf -ar/-er/-ir | Los verbos regulares en -ar/-er/-ir

infinitivo	**charlar**	**comer**	**vivir**
presente	charl**o** charl**as** charl**a** charl**amos** charl**áis** charl**an**	com**o** com**es** com**e** com**emos** com**éis** com**en**	viv**o** viv**es** viv**e** viv**imos** viv**ís** viv**en**
imperativo	charl**a**, charl**ad**	com**e**, com**ed**	viv**e**, viv**id**

! **salir**:
presente: sal**g**o, sales
imperativo: **sal**

3 Die Gruppenverben | Los grupos de verbos

3.1 Verbos con diptongación: e → ie

3.2 Verbos con diptongación: o → ue

infinitivo	**pensar**	**querer**	**encontrar**	**volver**
presente	p**ie**nso p**ie**nsas p**ie**nsa pensamos pensáis p**ie**nsan	qu**ie**ro qu**ie**res qu**ie**re queremos queréis qu**ie**ren	enc**ue**ntro enc**ue**ntras enc**ue**ntra encontramos encontráis enc**ue**ntran	v**ue**lvo v**ue**lves v**ue**lve volvemos volvéis v**ue**lven
imperativo	p**ie**nsa, pensad	qu**ie**re, quered	enc**ue**ntra, encontrad	v**ue**lve, volved

ebenso:
cerrar, **empezar**

ebenso:
! **tener**:
presente: **tengo**, t**ie**nes
imperativo: **ten**
preferir

ebenso:
poder

4 Die unregelmäßigen Verben | Los verbos irregulares

infinitivo	decir	hacer	ir
presente	**digo** d**i**ces d**i**ce decimos decís d**i**cen	**hago** haces hace hacemos hacéis hacen	**voy** **vas** **va** **vamos** **vais** **van**
imperativo	d**i**, decid	**haz**, haced	**ve, id**

infinitivo	saber	ver
presente	**sé** sabes sabe sabemos sabéis saben	veo **ves** **ve** **vemos** **veis** **ven**
imperativo	sabe, sabed	ve, ved

EL ESPAÑOL EN LA CLASE | Spanisch im Unterricht

Hilfe erbitten / anbieten:

¿Puedo ayudarte?	Kann ich dir helfen?
¿Puedes ayudarme?	Kannst du mir helfen?
Tengo problemas con [...]. ¿Qué puedo hacer?	Ich habe Probleme mit [...], was soll ich tun?
¿Tienes un boli / lápiz?	Hast du einen Kuli / Bleistift?

Um Wiederholung bitten:

Perdón, ¿puede hablar más despacio, por favor?	Entschuldigung, können Sie bitte langsamer sprechen?
Perdón, (yo) no lo entiendo.	Entschuldigung, ich verstehe das nicht.
¿Puede explicarlo otra vez?	Können Sie das noch einmal erklären?
¿Puede repetirlo otra vez, por favor?	Können Sie das bitte wiederholen?

Um Hinweise oder Erklärungen bitten:

¿Cuánto tiempo tenemos?	Wie viel Zeit haben wir?
Tengo una pregunta.	Ich habe (noch) eine Frage.
¿Puede explicar [...]?	Können Sie [...] erklären?
(Yo) no he entendido el / los ejercicio/s.	Ich habe die Aufgabe/n nicht verstanden.
No entiendo la palabra / frase «[...]».	Ich verstehe das Wort / den Satz „[...]" nicht.
¿Cómo se dice «[...]» en alemán / en español?	Was heißt „[...]" auf Deutsch / auf Spanisch?
¿Se puede decir también «[...]» ?	Kann man auch „[...]" sagen?
¿Qué significa / quiere decir «[...]»?	Was bedeutet „[...]"?
¿Cómo se pronuncia «[...]»?	Wie spricht man „[...]" aus?
¿Cómo se llama esto en español?	Wie heißt das auf Spanisch?
¿Qué?	Was?
¿Cómo?	Wie bitte?
¿Puede poner un ejemplo, por favor?	Können Sie bitte ein Beispiel nennen?
¿Cómo se escribe «[...]»?	Wie schreibt man „[...]"?
¿Se escribe «[...]» con / sin «s»?	Schreibt man „[...]" mit / ohne „s"?
¿Qué es eso?	Was ist das?
¿En qué página está?	Auf welcher Seite steht das?
¿Es correcto / incorrecto	Ist das richtig / falsch?

Vorschläge erbitten / machen:

¿Sigo?	Soll ich weitermachen?
¿Qué hacemos ahora?	Was machen wir jetzt?
Empezamos desde el principio.	Wir fangen von vorne an.
Ahora te toca a ti. Después le toca a él / ella.	Jetzt bist du dran. Danach ist er / sie dran.
Leed el texto por turno / haciendo cada uno un papel.	Lest den Text abwechselnd / mit verteilten Rollen.

Sich entschuldigen:

Lo siento, no lo he hecho a propósito.	Tut mir leid, das habe ich nicht mit Absicht getan.
Lo siento, (no) es culpa mía.	Tut mir leid, das ist (nicht) meine Schuld.

LISTA CRONOLÓGICA

Symbole und Abkürzungen

~ bezeichnet die Lücke, in die das neue Wort einzusetzen ist.
= bezeichnet Wörter und Wendungen mit gleicher oder ähnlicher Bedeutung.
≠ bezeichnet Wörter und Wendungen mit gegensätzlicher Bedeutung.
[1] bezeichnet ein Wort, das angeglichen werden muss. Die richtige Form steht am Ende des Kapitels.
👁 bezeichnet eine sprachliche Besonderheit, auf die du aufpassen musst.

Grundschrift = obligatorischer Wortschatz

kursiv = fakultativer Wortschatz

adj.:	adjetivo, Adjektiv
f.:	femenino, Femininum
inf.:	infinitivo, Infinitiv
ing.:	inglés, englisch
m.:	masculino, Maskulinum
a/c.:	alguna cosa, etwas
n.:	neutro, Neutrum
pl.:	plural, Plural
sg.:	singular, Singular
sust.	sustantivo, Substantiv
fam.:	familiar, umgangssprachlich

¡HOLA!

¡Hola!	Hallo!	
¡Buenos días!	Guten Morgen!, Guten Tag!	– Hola, Sarah. – ¡~!
¿Qué tal?	Wie geht's?	– Hola, Esteban, ¿~?
Muy bien.	Sehr gut.	
muy	sehr	
bien *adv.*	gut	
¿Y tú?	Und du / dir?	
y	und	
tú	du	
Me llamo […].	Ich heiße […].	– Hola, ~ Sarah.
¿Cómo te llamas?	Wie heißt du?	– ¿~? – Me llamo Elena.
¿cómo?	wie?	
¡Adiós!	Auf Wiedersehen!	≠ Hola, buenos días
¡Hasta mañana!	Bis morgen!	
hasta	bis	
mañana	morgen	
¡Hasta luego!	Bis dann! Bis nachher!	
luego	dann, nachher, danach	
en la clase	im Klassenzimmer, im Unterricht	
en	in, auf, an	
la clase	das Klassenzimmer, der Unterricht, die Unterrichtsstunde, die Klasse	***ing.:*** class, classroom
¡Buenos días, chicos!	Guten Morgen, Kinder!	
el chico	der Junge	
la chica	das Mädchen	

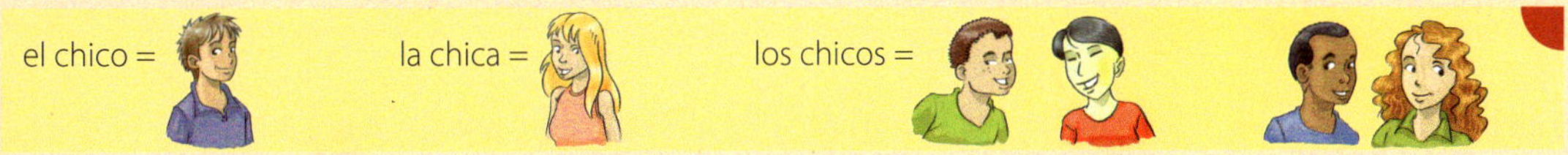

¡HOLA!	**el / la**	der / die *(m. / f. / Sg.)*	
	la ventana	das Fenster	
	la pizarra	die Tafel	
	la carpeta	die Mappe	
	el / la alumno/-a	der / die Schüler/in	
	la silla	der Stuhl	
	la mesa	der Tisch	
	la puerta	die Tür	
	el / la profesor/a	der / die Lehrer/in	
	la tiza	die Kreide	
	la pared	die Wand	
	el estuche	das Mäppchen	
	el libro (de español)	das (Spanisch-)Buch	
	el libro	das Buch	
	el español	Spanisch *Sprache*	
	el cuaderno	das Heft	
	la mochila	der Rucksack	
	la goma	der Radiergummi	
	la pluma	der Füller	

¿Cómo se dice […] en español?	Wie sagt man […] auf Spanisch?	– ¿~ «Füller» ~? – «Pluma».
Se dice […].	Man sagt […].	En español «Heft» ~ «cuaderno».
el alfabeto	das Alphabet	
Alicante	Alicante *Stadt in Spanien*	
el boli	der Kuli	
¡Gracias!	Danke!	
el euro	der Euro	
el colegio	die Schule	
el kilo	das Kilo	
España	Spanien	***ing.:*** Spain
la página web	die Webseite	
el examen	die Prüfung	***ing.:*** exam
¿Cómo se escribe?	Wie schreibt man das?	– ¿~ «goma»? – Ge – o – eme – a.
Se escribe […].	Man schreibt es […].	En español «libro» ~ ele – i – be – ere – o.

1 ¡AHORA SOY DE ALICANTE!

¡ACÉRCATE!

ahora	jetzt	
Soy de […].	Ich bin / komme aus […].	– Hola, me llamo Javi. ~ España.
de	von, aus, über	
¡ah!	ah!	
Ella es […].	Sie ist […].	– Hola, me llamo Esteban. Ah … ~ Elena.
ella	sie *(f. / Sg.)*	
Tú eres de […].	Du bist / kommst aus […].	– Elena, ¿~ España?
Alemania	Deutschland	
¿verdad?	Stimmt's?, Nicht wahr?	– Sarah es de Alemania, ¿~?
sí	Ja	– ¿Te llamas Javi? – ~, me llamo Javi.
Hamburgo	Hamburg	
bueno	ok, gut	
¿Quién es él / ella?	Wer ist das?	– ¿~? – Él es Esteban. Él es de Costa Rica.
¿quién?	wer?	
él	er *(m. / Sg.)*	
¡Ni idea!	Keine Ahnung!	***ing.:*** No idea! / – Sarah es de Hamburgo, ¿verdad? – ¡~!
la idea	die Idee	***ing.:*** idea
¿De dónde eres?	Woher bist / kommst du?	– ¿~? – Soy de Alemania, de Hamburgo.
¿de dónde?	woher?	
Costa Rica	Costa Rica *Land in Mittelamerika*	
San José	San José *Hauptstadt von Costa Rica*	
regular *adj.*	mittelmäßig	– Hola, ¿qué tal? – ~.
pues	also	
yo	ich	
fatal *adv.*	schrecklich	

DIÁLOGO: ¿SOIS HERMANOS? / ¿QUIÉN ES?

(vosotros/-as) sois	ihr seid	
los hermanos	die Geschwister	Clara y Esteban son ~.
el / la hermano/-a	der Bruder, die Schwester	
(yo) soy	ich bin	
vosotros/-as	ihr *(m. / f. / Pl.)*	– ~[1] sois hermanos, ¿verdad? – Sí.
los / las amigos/-as	die Freunde/-innen	
el / la amigo/-a	der / die Freund/in	Elena es ~[2] de Javi.
(nosotros/-as) somos	wir sind	
(ellos/-as) estudian	sie lernen	
aquí	hier	

TEXTO: LOS AMIGOS DE ESTEBAN

los / las	die *(m. / f. / Pl.)*	los chicos, las chicas
ser	sein	

1 el recreo	die Pause *Schule*	
charlar	plaudern, schwatzen	Los chicos ~[3] en el recreo.
con	mit	
el / la compañero/-a	der / die Mitschüler/in, Klassenkamerad/in, der / die Mitbewohner/in, der / die Lebensgefährte/-in	
nuevo/-a	neu	
ellos/-as	sie *(m. / f. / Pl.)*	
ser de	sein / kommen aus	Sarah ~[4] de Hamburgo.
pero	aber	
estudiar	lernen	***ing.:*** to study / Sarah ~[5] en el colegio San Vicente de Alicante.
hablar	sprechen, reden	Elena, Clara y Esteban ~[6] español.
el alemán	Deutsch *Sprache*	Sarah habla español y ~.
en casa	zu Hause	Sarah habla español en el colegio y alemán ~.
la casa	das Haus	
¿no?	Nicht wahr?	– Javi, eres de Alicante, ¿~?
la mamá	die Mama	
siempre	immer	
nosotros/-as	wir *(m. / f. / Pl.)*	

nosotros =

nosotras =

no	nein, nicht	***ing.:*** no, not / ≠ sí
sólo	nur	
¡Claro!	Klar!, Natürlich!	– Elena, ¿hablas español? – ¡~!
también	auch	
¿Qué tal + *sust.*?	Wie ist + *Nomen*?	– ¿~ el colegio? – Bien.
el cole *fam.* = el colegio	die Schule	
la madre	die Mutter	La ~ de Esteban y Clara es de Costa Rica.
Se llama […].	Er / Sie / Es heißt […].	La chica de Hamburgo ~ Sarah.
el padre	der Vater	El ~ de Esteban y Clara es de Costa Rica también.
trabajar	arbeiten	
el hotel	das Hotel	
chatear	chatten	***ing.:*** to chat
por internet	im Internet	
el internet	das Internet	
Guatemala	Guatemala *Land in Mittelamerika*	
Berlín	Berlin	

1

PARA COMUNICARSE

1

So stellst du dich vor:
Me llamo (Elisa).
Soy (Andrés).
Soy la hermana / el hermano de (Juan).
Estudio aquí en el colegio.

So fragst du nach jemandem und stellst ihn / sie vor:
¿Quién es él / ella?
Es (Esteban), el hermano de Clara.
Es (Javi), el amigo de Sarah.
Él / Ella estudia en el colegio (San Vicente).

So fragst du jemanden, woher er kommt:
¿De dónde eres?
Tú eres de (Alemania), ¿verdad?

So sagst du, woher du kommst:
Soy de (Costa Rica), de (San José).
Sí, soy de (Hamburgo).

So stellst du Fragen:
¿Sois hermanos/-as?
¿Sois amigos/-as?

So fragst du jemanden, wie er etwas findet:
¿Qué tal el cole?

1 vosotros 2 amiga 3 charlan 4 es de 5 estudia 6 hablan

2 EN LA CALLE

¡ACÉRCATE!

la calle	die Straße	
un / una	ein / eine *(m. / f. / Sg.)*	
la ciudad	die Stadt	
el centro	das Zentrum, die Mitte	La madre trabaja en el ~ de la ciudad.
¿Qué hay allí?	Was gibt es dort?	
¿qué?	was (für)?	
hay	es gibt	
allí	dort	= aquí
la tienda	das Geschäft *Laden*	
mucho más	viel mehr	
mucho	viel	
más	mehr	
¡Mira!	Schau (mal)!	
la heladería	die Eisdiele	En el centro hay una ~.
la panadería	die Bäckerei	
el kiosco	der Kiosk	
además	außerdem	~, en el centro hay una panadería.
el cine	das Kino	***ing.:*** cinema
el restaurante	das Restaurant	
el cibercafé	das Internetcafé	
por supuesto	natürlich	
¿Qué más hay?	Was gibt es noch?	
el castillo	die Burg, das Schloss	***ing.:*** castle

2	el castillo de Santa Bárbara	die Burg von Santa Bárbara *in Alicante*	
	la playa	der Strand	
	por aquí	*hier:* in der Nähe	– ¿Hay un kiosco ~?
	no sé	ich weiß nicht	

DIÁLOGO: ¿DÓNDE VIVES?

¿Dónde vives?	Wo wohnst du?	
cerca	in der Nähe, nah	Vivo por aquí cerca.
(Tú) vives en […].	Du wohnst in […].	
el estadio	das Stadion	

TEXTO: EN EL BARRIO SAN BLAS

el barrio	das Stadtviertel	

vivir	leben, wohnen	El chico ~[1] en el barrio San Blas.
descubrir a/c	etw. entdecken	***ing.:*** discover / Esteban y Clara ~[2] la ciudad.
poco a poco	nach und nach	
ésta es	das ist *(f. / Sg.)*	~ Elena.
éstas son	das sind *(f. / Pl.)*	~ Elena y Sarah.
la avenida	die Allee	***ing.:*** avenue
la academia de danza	die Tanzschule	
aprender	lernen	Sarah ~[3] español.
el baile español	der Baile Español *spanischer Tanz*	
el baile	der Tanz	
¿Y qué?	Na und?	
vale	ok, gut	
¡oye!	hey, hör mal	
la esquina	die Ecke	En la ~ hay un cine.
la hamburguesería	*Geschäft, in dem Hamburger verkauft werden*	
a veces	manchmal	
comer	essen	Los chicos ~[4] a veces en la hamburguesería.
pues sí	doch, natürlich, ja	
¡Basta ya!	Jetzt reicht es aber!	
¡Basta!	Es reicht!	
leer a/c	etw. lesen	

2	**la revista**	die Zeitschrift	Javi lee una ~.
	escribir a/c	etw. schreiben	
	el e-mail	die E-Mail	
	el papá	der Papa	
	la plaza	der Platz	
	ver	sehen	Ésta es la heladería, ¿~?[5]
	tomar un helado	ein Eis essen	
	tomar	nehmen, essen / trinken	Sarah ~[6] el libro de Javi.
	el helado	das Eis	

tomar un helado
ein Eis **essen**

tomar un libro
ein Buch **nehmen**

la horchata	*Erfrischungsgetränk aus Erdmandeln*	A veces bebemos ~.
¡Qué rico!	Wie lecker!	
¡Qué + ***adj.*****!**	Wie + *Adj.*!	
¿quiénes?	wer? *(Pl. von* „quién")	¿~ son ellos?

Merke: „Wer" hat auf Spanisch sowohl eine Singular- als auch eine Pluralform:

¿Quién es él?	**¿Quiénes** son ellas?
Wer ist er?	**Wer** sind sie?

los padres	die Eltern	El padre y la madre son los ~.
creer	glauben	
la Plaza Puerta del Mar	die Plaza Puerta del Mar *Platz in Alicante*	

PARA COMUNICARSE

2

So fragst du jemanden, wo er wohnt und was in seinem Wohnort gibt:
¿Dónde vives?
Tú vives en (la calle Cuenca), ¿verdad?
¿Qué hay en (la Explanada)?

So sprichst du über deinen Wohnort:
Vivo en (la calle Alabacete).
Vivo por aquí cerca.
Pues, en (la calle Cuenca) hay (un cine) y (una panadería).

So machst du Vorschläge:
¿Tomamos un helado?
¿Comemos en la hamburguesería?

1 vive 2 descubren 3 aprende 4 comen 5 ves 6 toma

3 EN CASA

¡ACÉRCATE!

mi	mein/e	
la habitación	das Zimmer	
la cama	das Bett	
está	(er / sie / es) ist, sich befinden	

Unterscheide **está / hay**:

¿Dónde **está** el cine?	**Está** cerca de aquí.
Wo **ist** das Kino?	Es **ist** hier in der Nähe. / Es **befindet** sich hier in der Nähe.
¿**Hay** una heladería por aquí?	Sí, **hay** una en la Plaza San Blas.
Gibt es eine Eisdiele hier in der Nähe?	Ja, es **gibt** eine an der Plaza San Blas.

enfrente de	gegenüber von	
al lado de	neben	El escritorio está ~ la cama.
el escritorio	der Schreibtisch	
la lámpara	die Lampe	
el armario	der Schrank	En mi habitación hay un ~.
encima de	über	La chaqueta está ~ la cama.
el «rincón de los deportes» *fam.*	die „Sportecke"	
el rincón	die Ecke	
el deporte	der Sport	
la pelota	der Ball	
el cartel	das Poster	
para + *inf.*	um zu + *Inf.*	El escritorio es ~ escribir.
para	für	
el ordenador	der Computer	El ~ está en la habitación de Javi.
genial	genial	
éste es	das ist	~ el escritorio de Elena.
éstos son	das sind	
el rincón favorito	die Lieblingsecke	
entre	zwischen	~ el hotel y el cibercafé hay una panadería.
la estantería	das Regal	
escuchar	hören, zuhören	
la música	die Musik	

DIÁLOGO: ¿DÓNDE ESTÁ MI LIBRO?

Soy yo, […].	Ich bin es, […]. *am Telefon*	
estoy	(ich) bin / befinde mich	~ en el colegio.
necesito	(ich) brauche	
otra vez	noch einmal *hier:* schon wieder	

3 **seguro que**	sicherlich	~ hay un cibercafé en el centro.
tu	dein/e	

> Unterscheide:
> **Tú** eres Sarah, ¿verdad? — **Du** bist Sarah, nicht wahr?
> ¿Cómo se llama **tu** hermana? — Wie heißt **deine** Schwester?

por favor	bitte	
tampoco	auch nicht	

TEXTO: ELENA Y SUS COSAS

sus	seine / ihre	En la estantería están ~ cosas.
la cosa	die Sache	
su	sein/e, ihr/e	
el piso	die Wohnung	
el médico	der Arzt	
la médica	die Ärztin	Su madre es ~.
el hospital	das Krankenhaus	***ing.:*** hospital / Ella trabaja en un ~.
cerca de	in der Nähe von	El hospital está ~ casa.

> Merke: **cerca de** = in der Nähe von — **por aquí, por aquí cerca** = hier in der Nähe

llegar a casa	nach Hause kommen	
llegar (a)	kommen, ankommen	
a	nach, zu, an	
el / la compañero/-a	*hier* der / die Lebensgefährte/-in	Paco es el ~[1] de la madre de Elena.
estar	sein, da sein, sich befinden	Alicante ~[2] en España.
el móvil	das Handy	*ing.:* mobile / – ¿Dónde está el ~ de Elena?
¡ay!	Mensch!, Ach!	
la chaqueta	die Jacke	***ing.:*** jacket
como	wie	

> Unterscheide:
> El móvil está aquí, **como** siempre. — ¿**Cómo** te llamas? — (Yo) **como**.
> Das Handy ist **wie** immer hier. — **Wie** heißt du? — Ich **esse**.

así	so	
menos	weniger	≠ más
necesitar	brauchen, benötigen	
el salón	das Wohnzimmer	En el ~ está la chaqueta de Elena.

3

Esteban chatea con sus amigos. Sarah **también** chatea.
La chaqueta no está en el salón. **Tampoco** está en la habitación.

mirar	schauen	= ver
por	durch	La madre mira ~ la puerta.
un montón de	eine Menge	
el cedé	die CD	
debajo de	unter	≠ encima de

el sillón	der Sessel	Encima del ~ hay un montón de cedés.
todavía	noch (immer)	
mis	meine	
sí	hier doch, schon	
la cocina	die Küche	Paco está en la ~.
ya	schon	
casi	fast	
la hora de comer	die Essenszeit	
¡A comer, que ya es tarde!	Komm(t) essen, es ist schon spät!	
¡A comer!	Komm(t) essen!	
tarde	spät, zu spät	
después	danach, später	
buscar	suchen	
juntos/-as	zusammen	Buscamos ~[3] tu móvil.
ring	*Klingeln des Telefons*	
el baño	das Badezimmer	El móvil está en el ~.
¡ay no!	ach Mensch!	

una lámpara una cama un amario un sillón una estantería un escritorio un ordenador

3

PARA COMUNICARSE

3

So sprichst du über dein Zimmer:
Ésta es mi habitación.
(Las revistas) están encima (del escritorio)
Debajo del (armario) / de la (cama) está (mi pelota).

So sprichst du über deine Wohnung:
(Mi habitación) está enfrente de (la cocina).
(El baño) está entre (el salón) y (el baño)
(La habitación de mis padres) está al lado de (mi habitación)

So fragst du, wo jemand / etwas ist:
¿Dónde está (Paco)?
¿Dónde está (mi mochila)?

So sagst du, wo jemand / etwas ist:
(Paco) está en (la cocina).
Aquí está (mi móvil).
Seguro que (tu madre) está (en el baño).
¿Y en tu mochila?

1 compañero 2 está 3 juntos

4 LA FAMILIA Y LOS AMIGOS

¡ACÉRCATE!

la familia	die Familie	La ~ de Javi es de Alicante.
el / la primo/-a	der / die Cousin/e	Javi tiene una ~[1]. Se llama Cristina.
el tío	der Onkel	
la tía	die Tante	Las hermanas de los padres son las ~[2].
el abuelo	der Großvater	
la abuela	die Großmutter	
los abuelos	die Großeltern	Los padres de los padres son los ~.
el hijo	der Sohn	
la hija	die Tochter	Cristina es la ~ de la tía Vera.
los hijos	die Kinder *(Söhne und Töchter)*	Los primos de Javi son los ~ de los tíos.

DIÁLOGO: ¿CUÁNTOS AÑOS TIENES?

¿Cuántos años tienes?	Wie alt bist du?	
el año	das Jahr	
Tengo [...] años.	Ich bin [...] Jahre alt.	
doce	zwölf	
el sábado	der Samstag, *auch:* am Samstag	La fiesta de Javi es el ~.
el cumpleaños	der Geburtstag	
Cumplo [...] años.	Ich werde [...] (Jahre alt).	
trece	dreizehn	
¿Cómo se llaman (ellos / ellas)?	Wie heißen sie?	
(ellos / ellas) se llaman [...].	Sie heißen [...].	Mis hermanos ~ Carlos y Ana.

4 TEXTO: UN REGALO PARA JAVI

el regalo	das Geschenk	Nosotros buscamos un ~ para Javi.
la invitación	die Einladung	
la fiesta	die Party, das Fest	
nuestro/-a	unser/e	Él es ~ compañero.
hasta el sábado	bis Samstag	Tengo tiempo ~ para escribir a mi abuela.
No faltes	*etwa* Über dein Kommen würde ich mich freuen	
¡Hum!	hmm!	
a ver	mal sehen	
tres	drei	
dos	zwei	
seis	sechs	
difícil	schwer, schwierig	***ing.:*** difficult / Los exámenes no son ~[3].
porque	weil	Compro un libro, ~ Javi lee mucho.
la actividad	die Aktivität, Beschäftigung	
favorito/-a	Lieblings-	***ing.:*** favourite / – La actividad ~[4] de Javi es leer, ¿no?
la película	der Film	
tocar la guitarra	Gitarre spielen	~ no es fácil.
tocar	spielen *Instrument*	
la guitarra	die Gitarre	La ~ de Javi no es nueva.
tener una idea	eine Idee haben	Los chicos ~[5] para el cumpleaños.
tener (e → ie)	haben	Sarah ~[6] una chaqueta.
comprar	kaufen	Mi madre ~[7] helados para nosotros.
la entrada	die Eintrittskarte	– Compramos una ~ para Javi.
bonito/-a	schön, hübsch	Las playas de Alicante son muy ~[8].
el problema	das Problem	Los abuelos de Javi tienen un ~.
no tener ni idea	überhaupt keine Ahnung haben	– ¿Qué compramos para Javi? – (Yo) ~[9].
¿por qué?	Warum?	– ¿~ compras una guitarra para Javi?
el lápiz de color	der Buntstift	
el lápiz / los lápices	der Stift / Bleistift	
el color	die Farbe	
tener [...] años	[...] Jahre alt sein	¡Yo ya no ~[10] once ~!

Im Spanischen gibt man das Alter mit dem Verb **tener** (haben) an:
Javier **tiene** once años. Javier **ist** elf Jahre alt.

cuatro	vier	Esteban tiene ~ revistas.
Es verdad.	Stimmt.	– ¡Sarah no tiene cuatro años! – Sí, ~.
la verdad	die Wahrheit	
¿Cuántos años tiene [...]?	Wie alt ist [...]?	
once	elf	Javi no tiene ~ guitarras.

4	**cumplir […] (años)**	[…] (Jahre alt) werden	Javi ~[11] doce el sábado.
	interesante	interessant	La clase de español es muy ~.
	el fútbol	der Fußball *Sportart*	Para Esteban el ~ es interesante.
	estupendo/-a	wunderbar, toll	Esteban tiene una idea ~[12].
	para ti	für dich	El libro es ~.
	ser **muy amigos**	*hier* gut zusammenpassen	Javi y el fútbol no ~[13].
	¿de qué?	über was?, worüber?	
	vuestro/-a	euer/-re	– Chicos, ¿cómo se llama ~[14] madre?
	los deberes	die Hausaufgaben	– ¿De qué habláis? De vuestros ~, ¿verdad?
	el pastel de cumpleaños	der Geburtstagskuchen	
	el pastel	der Kuchen, auch die Torte	Nosotros compramos un ~.
	tener **razón**	Recht haben	Elena ~[15]. El pastel está en la mesa.
	preparar	vorbereiten, zubereiten	***ing.:*** to prepare / El padre de Sarah ~[16] un pastel para Javi.
	la piñata	*eine mit Süßigkeiten gefüllte Pappfigur*	Esteban prepara una ~ para Javi.
	eh	hmm…	

Los números: 0 cero

1 uno, una, un	5 cinco	9 nueve	13 trece	17 diecisiete
2 dos	6 seis	10 diez	14 catorce	18 dieciocho
3 tres	7 siete	11 once	15 quince	19 diecinueve
4 cuatro	8 ocho	12 doce	16 dieciséis	20 veinte

PARA COMUNICARSE

4

So fragst du jemanden nach seiner Familie:
¿Tienes hermanos?

So sprichst über deine Familie:
Ésta es mi familia.
Ésta es mi (madre / abuela / tía / prima).
Éste es mi (padre / abuelo / tío / primo).
Tengo (dos) hermanos.
Tengo (un) hermano y (una) hermana.
(Mis hermanos) se llaman […].

So fragst du jemanden, wie alt er ist:
¿Cuántos años tienes?

So sagst du, wie alt du bist:
Tengo (trece) años.
Tengo (doce) años, pero el sábado cumplo (trece).

So diskutierst du über Vorschläge:
¿Tienes una idea?
¿Por qué no compramos (una pelota)?
(Una entrada para el fútbol) es un regalo (estupendo / genial / divertido).
(Una guitarra) es un regalo estupendo para ti, pero no para (María).

1 prima 2 tías 3 difíciles 4 favorita 5 tienen una idea 6 tiene 7 compra 8 bonitas 9 no tengo ni idea 10 tengo […] años 11 cumple […] (años) 12 estupenda 13 son muy amigos 14 vuestra 15 tiene razón 16 prepara

5 ¡QUE APROVECHE!

¡ACÉRCATE!

¡Que aproveche!	Guten Appetit!	
el sándwich de queso	das Käsesandwich	Paco prepara un ~.
el sándwich de jamón	das Schinkensandwich	
el sándwich	das Sandwich	
el queso	der Käse	Sarah come ~.
el jamón	der Schinken	El ~ es para el bocadillo.
la tortilla (de patata)	das Kartoffelomelett	La familia de Javi siempre come ~.
la patata	die Kartoffel	***ing.:*** potato
la ensaladilla rusa	*Kartoffelsalat mit Thunfisch und Erbsen*	Manuel y Carmen preparan ~.
la torrija	*etwa* armer Ritter *Weißbrotscheiben in Ei und Milch getunkt und gebraten*	
el globo	der Luftballon	
el caramelo	das Bonbon	
el zumo de naranja	der Orangensaft	
el zumo	der Saft	
la naranja	die Orange	
el agua	das Wasser	
el bocadillo de queso	das Käsebrötchen	Elena come un ~ en el recreo.
el bocadillo	das belegte Brötchen	

el bocadillo de queso
la ensaladilla rusa
la tortilla (de patata)
el sándwich de jamón
la torrija
el helado

el zumo de naranja
la horchata
el agua

¿Qué es esto?	Was ist das?	
¿Qué es […]?	Was ist […]?	
esto	das (hier)	– ¿Qué es esto? – ~ es ensaladilla rusa.
tener sed	Durst haben	– Sarah, ¿~?[1]
la sed	der Durst	
tener hambre	Hunger haben	Los chicos ~[2].
el hambre	der Hunger	
¿Qué tomas?	Was möchtest du essen / trinken?	
para mí	für mich	– ¿Qué tomas? – ~, un zumo de naranja.

DIÁLOGO: ¿QUIERES UN ZUMO O …?

¿Quieres (un zumo)?	Möchtest du Saft?
(yo) quiero	ich möchte
¿Qué quieres beber / comer?	Was möchtest du trinken / essen?
(tú) quieres	du möchtest

5 TEXTO: EN LA FIESTA

la fiesta de cumpleaños	die Geburtstagsparty	La ~ de Javi es el sábado.
querer (e → ie)	wollen, mögen	– (Yo) ~[3] pastel.
saludar a	begrüßen	Los chicos quieren ~ su amigo.
entrar	hereinkommen	Esteban y Sarah ~[4] en el salón.
¡Feliz cumpleaños!	Herzlichen Glückwunsch zum Geburtstag!	
feliz / felices	glücklich	
muchas gracias	vielen Dank	
tener ganas (de)	Lust haben (auf)	Los chicos ~[5] ver una película.
Piratas del Caribe	Fluch der Karibik *Filmtitel*	
¡No importa!	Macht nichts!, Egal!	– No sé cómo se llama la película. – ~.
algo	etwas	
Hay de todo.	Es gibt alles.	En la fiesta de cumpleaños de Javi ~.
todo	alles	
beber	trinken	– ¿Qué quieren ~ los chicos?
el vaso de agua	das Glas Wasser	– Los chicos quieren un ~.
el vaso	das Glas	
el regalo de cumpleaños	das Geburtstagsgeschenk	El ~ de los padres de Javi es muy bonito.
el libro de historia	das Geschichtsbuch	El ~ es muy interesante.
la historia	die Geschichte	***ing.:*** history
la foto	das Foto	– ¡Mira la ~ de Javi!
el DVD	die DVD	
el cómic	der Comic	
preferir (e → ie)	lieber wollen, vorziehen	***ing.:*** to prefer / Sarah ~[6] el regalo de Javi.
divertido/-a	lustig	≠ aburrido/-a / El libro es ~.
aburrido/-a	langweilig	≠ interesante
la bicicleta	das Fahrrad	***ing.:*** bicycle
guay	toll	La bicicleta de Javi es muy ~.
dejar	lassen	
la bici *fam.* = la bicicleta	das Fahrrad	***ing.:*** bike
¡Ten cuidado!	Pass auf!	– ¡~ con la bicicleta!
tener cuidado (con)	aufpassen	
el suelo	der Boden	
¡Ya está!	*etwa* Fertig!	
¿Qué pasa?	Was ist los?, Was gibt's?	
el / la niño/-a	das Kind	La ~[7] se llama Claudia.
pequeño/-a	klein	Javi ya no es un niño ~.
perdonar	entschuldigen	
cantar	singen	Ellos ~[8] juntos.

5 La fiesta de cumpleaños:

PARA COMUNICARSE

So sprichst du über Essen/Trinken:

¿Qué tomas?
¿Qué quieres (beber/comer)?
¿Tienes sed?
¿Tienes hambre?
Tengo hambre.
Tengo sed.
Para mí, (un sándwich), por favor.
Yo quiero (tortilla de patata).
¡Qué rico!
¿Hay (torrijas)?
¿Qué es esto?
Es (ensaladilla rusa).

So sagst du, was du tun willst oder lieber magst:

Quiero (ver una película).
Prefiero (escuchar música).

1 tienes sed **2** tienen hambre **3** quiero **4** entran **5** tienen ganas de **6** prefiere **7** niña **8** cantan

6 MI MASCOTA Y YO

¡ACÉRCATE!

la mascota	das Haustier	Elena quiere tener una ~.
visitar	besuchen	Sarah ~[1] a Elena el sábado.
la asociación protectora de animales	der Tierschutzverein	
el animal	das Tier	***ing.:*** animal
hoy	heute	≠ mañana
el día	der Tag	***ing.:*** day / Hoy es el «~ de la mascota».
Masali	*Name eines Tierschutzvereins*	
muchas cosas	viele Dinge	
sobre	über	

6 *entonces*	dann, also	
¡Encuentra!	Finde!	
uno/-a	eine/r	
el perro	der Hund	El ~ de Sarah se llama Sami.
grande	groß	≠ pequeño/-a
creo que […]	ich glaube, dass […]	
un poco	ein bisschen	El libro es ~ aburrido.
peligroso/-a	gefährlich	– Creo que el perro es un poco ~.
tener miedo (de)	Angst haben vor	Elena ~[2] los perros grandes.
el miedo	die Angst	
comprender	verstehen	Yo no ~[3] los perros.
tonto/-a	dumm	≠ inteligente
el periquito	der Wellensittich	Elena tiene un ~.
gracioso/-a	witzig	Los periquitos son ~[4].
el hámster	der Hamster	También el ~ es gracioso.
el conejo	das Kaninchen	
inquieto/-a	lebhaft, unruhig	El conejo es ~.
el gato	die Katze	El ~ no es amigo del perro.
tranquilo/-a	ruhig	≠ inquieto/-a
inteligente	intelligent, klug	Sami es muy ~.
el caballo	das Pferd	
la tortuga	die Schildkröte	La ~ de Manuel no es inquieta.
el conejo de Indias	das Meerschweinchen	
el pollito	das Küken	
el ratón	die Maus	El ~ come queso.
el pez / los peces	der Fisch / die Fische	– Los ~ son aburridos, ¿verdad?
el loro	der Papagei	Los ~ son muy divertidos.

Los animales:

el perro	el loro	el hámster	el conejo	el pollito	el periquito
el gato	el ratón	el pez	el caballo	el conejo de Indias	la tortuga

DIÁLOGO: ¿QUIERES SALIR?

salir	ausgehen	
salir a pasear (con)	spazieren gehen (mit)	
(yo) puedo + *inf.*	ich kann + *Inf.*	
¿Por qué no puedes?	Warum kannst du nicht?	
(tú) puedes	du kannst	
(yo) tengo tiempo	ich habe Zeit	
(yo) tengo que + *inf.*	ich muss + *Inf.*	

TEXTO: ¿PUEDO TENER UN PERRO?

poder (o → ue)	können	– ¿~[5] tener un perro? – No, Elena.

6 volver (a) (o → ue)	zurückkommen (nach)	
volver a casa (o → ue)	nach Hause kommen	Elena ~[6] con una idea estupenda.
cariñoso/-a	liebevoll, zärtlich, zutraulich	Elena quiere un perro pequeño y ~.
fácil	leicht	≠ difícil / Tener un perro no es ~.
tener que	müssen	(Yo) ~[7] hacer mis deberes.

Merke dir folgende Ausdrücke mit dem Verb **tener**:

tener una idea	tener razón	tener hambre	tener ganas (de)	tener que [...]
tener [...] años	tener sed	tener cuidado	tener miedo (de)	

salir	(hin)ausgehen	(Yo) siempre ~[8] con Sarah y su perro.
el cariño	die Zärtlichkeit, Zuneigung, Liebe	
después de + *sust.*	nach + *Nomen*	~[9] cole Elena y su perro pueden estar juntos.
pensar (en) (e → ie)	denken (an)	Elena ~[10] en el perro de Sarah.
saber	wissen, *auch* können	Javi ~[11] tocar la guitarra muy bien.
Ya lo sé.	Das weiß ich schon.	– Elena, nuestro piso es muy pequeño para un perro. – ¡Sí, ~, mamá!
¡Sal!	Geh raus!	
por fin	endlich	¡~ la tortilla está lista!
solo/-a	allein	No podemos dejar el perro ~ en casa.
el tiempo	die Zeit	ing.: time / – ¿Tienes ~ para un perro?
salir a pasear	spazieren gehen	Elena ~[12] con Sarah y Sami.
pasear	spazieren gehen	Quiero un perro para ~.
pasear a	jdn. ausführen	
los / las dos	beide	~[13] chicas estudian en mi colegio.
cuidar	aufpassen (auf), sorgen (für)	Sarah ya sabe ~[14] un perro.
encontrar (o → ue)	finden	Esteban no ~[15] el libro de historia.
al final	am Ende	~ yo tengo que cuidar el perro.
o	oder	Quiero un perro ~ un caballo.
¡Vamos a ver!	Wir werden sehen!	– Mamá, ¿puedo tener un perro? – ¡~!

PARA COMUNICARSE

6

So sprichst du über Haustiere:

¿Tienes una mascota?
Sí, (un periquito).
No, pero quiero (un perro).
No, porque tengo miedo de (los animales).
(Mi periquito) es (gracioso / pequeño / tonto / inteligente / tranquilo / peligroso / grande).

So sprichst du über deine Verpflichtungen:

Tengo que (estudiar).
Hoy quiero salir con (Ana), pero no puedo porque tengo que (cuidar a mi hermana).
Hoy no tengo tiempo para (ir al parque) porque tengo que (preparar un pastel para mi tía).

1 visita 2 tiene miedo de 3 comprendo 4 graciosos 5 puedo 6 vuelve a casa 7 tengo que 8 salgo 9 Después del 10 piensa 11 sabe 12 sale a pasear 13 Las dos 14 cuidar 15 encuentra

MÓDULO 1 LA HORA

la hora	die Uhrzeit	
¿Qué hora es?	Wie spät es ist?	
Es la una / Son las (tres).	Es ist […].	
Son las nueve de la mañana.	Es ist neun Uhr morgens.	
el cuarto	das Viertel *Uhrzeit*	Son las dos menos ~.
media	halb *Uhrzeit*	Son las tres y ~.
menos	vor *Uhrzeit*	
Son las cinco de la tarde.	Es ist fünf Uhr nachmittgs.	
Son las once de la noche.	Es ist elf Uhr abends / nachts.	

¿Qué hora es?

13:00	14:00	15:20	16:15	17:30	17:35	18:45
Es la una.	Son las dos.	Son las tres y veinte.	Son las cuatro y cuarto.	Son las cinco y media.	Son las seis menos veinticinco.	Son las siete menos cuarto.

¿A qué hora […]?	Um wie viel Uhr […]?	¿~ llegáis Sarah y tú?
el bus	der Bus	
a la una / a las (tres)	um ein Uhr / drei Uhr	

– ¿A qué **hora** (comes)? – **A la** una. / **A las** siete.

PARA COMUNICARSE

So sprichst du über die Uhrzeit:

¿Qué hora es? – Es la una de la tarde. / Son las (nueve de la noche).

¿A qué hora (comes)? – A la una de la tarde. / A las (dos de la tarde).

MÓDULO 2 EL HORARIO DE CLASES

el horario	der Stundenplan
1° de Eso	7. Schuljahr
los lunes	montags
la hora	die Stunde
desde la / las […] *hasta la / las […]*	von […] bis […] *Uhrzeit*

Tengo clases **desde** la una **hasta** las tres y veinte.

13:00	14:00	15:20	16:15	17:30	17:35	18:45
la una	las dos	las tres y veinte	las cuatro y cuarto	las cinco y media	las seis menos veinticinco	las siete menos cuarto

el lunes	der Montag

El lunes Ana tiene un examen de Inglés.
Los lunes Ana tiene clases de Inglés.

Geografía e Historia *f. sg.*	Geographie und Geschichte *Schulfach*
e	und *(vor i- und hi-)*
Literatura y Lengua *f. sg.*	Sprache und Literatur (= Spanisch) *Schulfach*
Optativa *f. sg.*	das Wahlfach *Schulfach*
Inglés *m. sg.*	Englisch *Schulfach*
la comida	das Essen
Matemáticas *f. pl.*	Mathematik *Schulfach*
Educación Plástica y Visual *f. sg.*	Kunst *Schulfach*
el martes	der Dienstag
Ciencias de la Naturaleza *f. pl.*	Naturwissenschaften *Schulfach*
Tecnología *f. sg.*	Technologie *Schulfach*
Música *f. sg.*	Musik *Schulfach*
Tutoría *f. sg.*	die Nachhilfe *Schulfach*
el miércoles	der Mittwoch
Religión *f. sg.*	Religion *Schulfach*
Ética *f. sg.*	Ethik *Schulfach*
el jueves	der Donnerstag
Educación Física *f. sg.*	Sport *Schulfach*

Las asignaturas

Tecnología	Matemáticas (Mates)	Geografía e Historia
Optativa	Educación Física	Ciencias de la Naturaleza
Religión	Lengua y Literatura	Educación Plástica y Visual
Ética	Tutoría	

el viernes	der Freitag
la asignatura	das Schulfach
odiar	hassen

PARA COMUNICARSE

So sprichst du über deinen Stundenplan und die Schulfächer:
Tengo (Inglés) desde (las once y media) hasta (la una y veinticinco).
(Lengua) es mi asignatura favorita.
Yo odio (Música).

So sprichst du über deine Woche:
Los lunes (tengo clases de Inglés).
Los martes (no tengo clases de Matemáticas).

MÓDULO 3 ¿QUÉ TE GUSTA HACER?

¿Qué te gusta hacer?	Was machst du gerne?
hacer	machen
a mí me gusta + inf.	Mir gefällt + *Inf.*
(yo) voy	ich gehe
la gimnasia	das Turnen
sobre todo	vor allem
jugar al fútbol	Fußball spielen
(yo) hago	ich mache
(tú) haces	du machst
el truco	der Trick
bailar	tanzen
A mí no.	*hier* Mir (gefällt es) nicht.
A mí tampoco.	*hier* Mir (gefällt es) auch nicht.
el rap	der Rap *Musik*
la música pop	die Popmusik
dibujar	zeichnen
el manga	das Manga *Comic*
(la literatura) fantasy	die Fantasyliteratur
(a ti) te gusta	dir gefällt
el monopatín	das Skateboard
ir	gehen
¿vale?	*etwa:* Einverstanden?
¡Claro que sí!	Na klar!, Sicher!

PARA COMUNICARSE

So sprichst du über das, was du magst / nicht magst:

A mí me gusta mucho (dibujar).
A mí también.
A mí no.
A mí no me gusta (cantar).
A mí tampoco.

So fragst du jemanden nach seinen Hobbys:

¿Qué te gusta hacer?
A ti te gusta (bailar), ¿verdad?
A mí me gusta (leer cómics), ¿y a ti?

So schlägst du etwas vor oder verabredest dich mit jemandem:

¿Tienes ganas de (ir a la playa) (hoy / mañana / después de clases)?
¡Claro que sí! ¿Dónde quedamos?
(En tu casa), ¿vale?

MÓDULO 4 UN HELADO, POR FAVOR

el / la vendedor/a	der / die Verkäufer/in
Gracias a ti.	Ich danke dir.
el chocolate	die Schokolade
la fresa	die Erdbeere
la vainilla	die Vanille
Eso es todo.	Das ist alles.
Aquí tiene.	Bitte. *beim Bezahlen*
la botella	die Flasche
el paquete	das Paket
la lata	die Dose
la fruta	das Obst

PARA COMUNICARSE

So führst du ein Einkaufsgespräch:

Hola, (una botella de zumo), por favor.

¿Algo más?

No, eso es todo.

¿Cuánto es?

Es un euro. / Son dos euros.

LISTA ALFABÉTICA

Bei blaugedruckten Verben handelt es sich um Verben, die unregelmäßig sind oder bei denen auf Besonderheiten zu achten ist.
Die farbigen Angaben hinter der Bedeutung zeigen, wo das Wort zum ersten Mal vorkommt:
1Ac heißt Unidad 1, ¡Acércate!; 1D steht für Unidad 1, Diálogo; 1T steht für Unidad 1, Text; M3 heißt Módulo 3.
Grundschrift = obligatorischer Wortschatz *kursiv* = fakultativer Wortschatz

A

a *prep.* nach, zu, an 3T
A mí no. *hier* Mir (gefällt es) nicht. M3
A mí tampoco. *hier* Mir (gefällt es) auch nicht. M3
¿A qué hora […]? Um wie viel Uhr […]? M1
a la/las […] um […] Uhr M1
a veces *adv.* manchmal 2T
a ver mal sehen 4T
la **abuela** die Großmutter 4Ac
el **abuelo** der Großvater 4Ac
los **abuelos** die Großeltern 4Ac
aburrido/-a *adj.* langweilig 5T
la **academia de danza** die Tanzschule 2T
la **actividad** die Beschäftigung 4T
además *adv.* außerdem 2Ac
¡Adiós! Auf Wiedersehen! ¡Hola!
el **agua** *f.* das Wasser 5Ac
ahora *adv.* jetzt 1Ac
al final *adv.* am Ende 6T
al lado de *adv.* neben 3Ac
alemán *m.* Deutsch 1T
Alemania Deutschland 1Ac
el **alfabeto** das Alphabet ¡Hola!
algo etwas 5T
allí *adv.* dort 2Ac
el/la **alumno/-a** der/die Schüler/in ¡Hola!
el/la **amigo/-a** der/die Freund/in 1D
el **animal** das Tier 6Ac
el **año** das Jahr 4D
aprender lernen 2T
aquí *adv.* hier 1D; ***Aquí tiene.*** Bitte. *beim Bezahlen* M4
el **armario** der Schrank 3Ac
así *adv.* so 3T
la ***asignatura*** das Schulfach M2
la ***asociación protectora de animales*** der Tierschutzverein 6Ac
la **avenida** die Allee 2T

B

bailar tanzen M3
el **baile** der Tanz 2T
el **baño** das Badezimmer 3T
el **barrio** das Stadtviertel 2T
¡Basta! Es reicht! 2T
beber trinken 5T
Berlín Berlin 1T ej.
la **bicicleta** das Fahrrad; la **bici** *fam.* das Fahrrad 5T
bien *adv.* gut ¡Hola!
el **bocadillo** das belegte Brötchen 5Ac
el **boli** der Kuli ¡Hola!
bonito/-a *adj.* schön, hübsch 4T
bueno ok, gut 1Ac
¡Buenos días! Guten Morgen!, Guten Tag! ¡Hola!
el ***bus*** der Bus M1
buscar suchen 3T

C

el **caballo** das Pferd 6Ac
la **calle** die Straße 2Ac
la **cama** das Bett 3Ac
cantar singen 5T
el **caramelo** das Bonbon 5Ac
el **cariño** die Zärtlichkeit, Zuneigung, Liebe 6T
cariñoso/-a *adj.* liebevoll, zärtlich, zutraulich 6T
la **carpeta** die Mappe ¡Hola!
el **cartel** das Poster 3Ac
la **casa** das Haus 1T
casi *adv.* fast 3T
el **castillo** das Schloss 2Ac
el **cedé** die CD 3T
el **centro** das Zentrum 2Ac
cerca *adv.* nah 2D
cerca de *adv.* in der Nähe von 3T
la **chaqueta** die Jacke 3T
charlar plaudern, schwatzen 1T
chatear chatten 1T
el/la **chico/-a** der Junge, das Mädchen ¡Hola!
el ***chocolate*** die Schokolade M4
el **cibercafé** das Internetcafé 2Ac
Ciencias de la Naturaleza *f. pl.* *Naturwissenschaften Schulfach* M2
el **cine** das Kino 2Ac
la **ciudad** die Stadt 2Ac
¡Claro que sí! Na klar!; **¡Claro!** Klar!, natürlich! 1T
la **clase** das Klassenzimmer, der Unterricht, die Unterrichtsstunde, die Klasse ¡Hola!
la **cocina** die Küche 3T
el **colegio** die Schule ¡Hola!; el **cole** *fam.* die Schule 1T
el **color** die Farbe 4T
comer essen 2T
el **cómic** der Comic 5T
la ***comida*** das Essen M2
como *adv.* wie 3T
¿cómo? wie? ¡Hola!
¿Cómo se llaman (ellos/ellas)? Wie heißen sie? 4D
el/la **compañero/-a** der/die Mitschüler/in, Lebensgefährte/in 1T/3T
comprar kaufen 4T
comprender verstehen 6Ac
con *prep.* mit 1T
el **conejo** das Kaninchen 6Ac
el **conejo de Indias** das Meerschweinchen 6Ac
la **cosa** die Sache 3T
creer glauben 2T
el **cuaderno** das Heft ¡Hola!

¿Cuántos años tienes? Wie alt bist du? 4D
el *cuarto* das Viertel *Uhrzeit* M1
cuatro *adj.* vier 4T
cuidar aufpassen (auf), sorgen (für) 6T
el **cumpleaños** der Geburtstag 4D
cumplir [...] (años) [...] (Jahre alt) werden 4T
Cumplo [...] años. Ich werde [...] (Jahre alt). 4D

D

de von, aus, über 1Ac
¿de dónde? woher? 1Ac
¿de qué? über was?, worüber? 4T
debajo de *adv.* unter 3T
los **deberes** die Hausaufgaben 4T
dejar lassen 5T
el **deporte** der Sport 3Ac
descubrir entdecken 2T
desde la / las [...] hasta la / las [...] von [...] bis [...] *Uhrzeit* M2
después *adv.* danach, später 3T
después de + *sust.* nach + *Nomen* 6T
el **día** der Tag 6Ac
dibujar zeichnen M3
difícil *adj.* schwer, schwierig 4T
divertido/-a *adj.* lustig 5T
doce *adj.* zwölf 4D
¿dónde? wo? 2T
¿Dónde vives (tú)? Wo wohnst du? 2D
dos *adj.* zwei 4T
el **DVD** die DVD 5T

E

e und *(vor i- und hi-)* M2
Educación Física *f. sg.* Sport *Schulfach* M2
Educación Plástica y Visual *f. sg.* Kunst *Schulfach* M2
él er *(m. / Sg.)* 1Ac
el **sábado** am Samstag 4T
el / la der / die *(m. / f. / Sg.)* ¡Hola!
ella sie *(f. / Sg.)* 1Ac
ellos/-as sie *(m. / f. / Pl.)* 1T
el **e-mail** die E-Mail 2T
en in, auf, an ¡Hola!
en casa *adv.* zu Hause 1T
encima de *adv.* über 3Ac
encontrar (o/ue) finden 6T
enfrente de *adv.* gegenüber von 3Ac
la **ensaladilla rusa** *Kartoffelsalat mit Thunfisch und Erbsen* 5Ac
la **entrada** die Eintrittskarte 4T
entrar hereinkommen 5T
entre *prep.* zwischen 3Ac
Es la / Son las [...]. Es ist [...]. M1
Es verdad. Stimmt. 4T
escribir schreiben 2T
el **escritorio** der Schreibtisch 3Ac
escuchar hören 3Ac
Eso es todo. Das ist alles. M4
España Spanien ¡Hola!
el **español** Spanisch ¡Hola!
la **esquina** die Ecke 2T
ésta es das ist *(f. / Sg.)* 2T
el **estadio** das Stadion 2D
la **estantería** das Regal 3Ac
estar sein, da sein 3T; **está** ist, sich befinden 3Ac; **éste es** das ist *(m. / Sg.)* 3Ac
esto das (hier) 5Ac
éstos son das sind *(m. / Pl.)* 3Ac
estoy (ich) Ich bin / befinde mich 3D
el **estuche** das Mäppchen ¡Hola!
estudian (ellos/-as) sie lernen 1D
estudiar lernen 1T
estupendo/-a *adj.* wunderbar 4T
Ética *f. sg.* Ethik *Schulfach* M2
el **euro** der Euro ¡Hola!
el **examen** die Prüfung ¡Hola!

F

fácil *adj.* leicht 6T
(la literatura) fantasy die Fantasyliteratur M3
la **familia** die Familie 4Ac
fatal *adv.* schrecklich 1Ac
favorito/-a *adj.* Lieblings- 4T
feliz / felices *adj.* glücklich 5T
¡Feliz cumpleaños! Herzlichen Glückwunsch zum Geburtstag! 5T
la **fiesta** die Party, das Fest 4T; la **fiesta de cumpleaños** die Geburtstagsparty 5T
la **foto** das Foto 5T
la ***fresa*** die Erdbeere M4
la ***fruta*** das Obst M4
el **fútbol** der Fußball *Sportart* 4T

G

el **gato** die Katze 6Ac
genial *adv.* genial 3Ac
Geografía e Historia *f. Sg.* Geographie und Geschichte *Schulfach* M2
la ***gimnasia*** das Turnen M3
el **globo** der Luftballon 5Ac
la **goma** der Radiergummi ¡Hola!
¡Gracias! Danke! ¡Hola!; ***Gracias a ti.*** Ich danke dir. M4
gracioso/-a *adj.* witzig 6Ac
grande *adj.* groß 6Ac
guay *adj.* toll 5T
la **guitarra** die Gitarre 4T

H

la **habitación** das Zimmer 3Ac
hablar sprechen, reden 1T
hacer machen M3
haces (tú) du machst M3
hago (yo) ich mache M3
el **hambre** der Hunger 5Ac
Hamburgo Hamburg 1Ac
la **hamburguesería** *Geschäft, in dem Hamburger verkauft werden* 2T
el **hámster** der Hamster 6Ac
hasta *prep.* bis ¡Hola!
¡Hasta luego! Bis dann! Bis nachher! ¡Hola!
¡Hasta mañana! Bis morgen! ¡Hola!
hay *conj.* es gibt 2Ac
la **heladería** die Eisdiele 2Ac
el **helado** das Eis 2T
el / la **hermano/-a** der Bruder, die Schwester 1D
los **hermanos** die Geschwister 1D
el / la **hijo/-a** der Sohn, die Tochter 4Ac

los **hijos** die Kinder (Söhne und Töchter) 4Ac
la **historia** die Geschichte 5T
¡Hola! Hallo! ¡Hola!
la ***hora*** die Uhrzeit M1
la **hora de comer** die Essenszeit 3T
el ***horario*** der Stundenplan M2
la **horchata** *Erfrischungsgetränk aus Erdmandeln* 2T
el **hospital** das Krankenhaus 3T
el **hotel** das Hotel 1T
hoy *adv.* heute 6Ac

I

la **idea** die Idee 1Ac
Inglés *m. sg.* Englisch *Schulfach* M2
inquieto/-a *adj.* lebhaft, unruhig 6Ac
inteligente *adj.* intelligent, klug 6Ac
interesante *adj.* interessant 4T
el **internet** das Internet 1T
la **invitación** die Einladung 4T
ir gehen M3

J

el **jamón** der Schinken 5Ac
el ***jueves*** der Donnerstag M2
jugar al fútbol Fußball spielen M3
juntos/-as *adj.* zusammen 3T

K

el **kilo** das Kilo ¡Hola!
el **kiosco** der Kiosk 2Ac

L

la **lámpara** die Lampe 3Ac
el **lápiz de color** der Buntstift 4T
el **lápiz**/los **lápices** der Stift 4T
la ***lata*** die Dose M4
leer lesen 2T
el **libro** das Buch ¡Hola!
Literatura y Lengua *f. sg.* Sprache und Literatur *(=Spanisch) Schulfach* M2
llegar (a) kommen 3T; **llegar a casa** nach Hause kommen 3T
el **loro** der Papagei 6Ac

los/las die *(m./f./Pl.)* 1T
los/las dos *adj.* beide 6T
luego *adv.* dann, nachher, danach ¡Hola!
el ***lunes*** der Montag M2

M

la **madre** die Mutter 1T
el ***manga*** das Manga *Comic* M3
la **mamá** die Mama 1T
la ***mañana*** der Morgen M1
hora + de la mañana *Uhrzeit* + morgens M1
mañana *adv.* morgen ¡Hola!
el ***martes*** der Dienstag M2
más *adv.* mehr 2Ac
la **mascota** das Haustier 6Ac
Matemáticas *f. pl.* Mathematik *Schulfach* M2
me gusta (a mí) + *inf.* Mir gefällt + *Inf.* M3
el/la **médico/-a** der Arzt, die Ärztin 3T
media halb *Uhrzeit* M1
menos *adv.* weniger 3T; ***menos*** vor *Uhrzeit* M1
la **mesa** der Tisch ¡Hola!
mi mein/e *(m./f./n./Sg.)* 3Ac
el **miedo** die Angst 6Ac
el ***miércoles*** der Mittwoch M2
mirar schauen 3T; **¡Mira!** Schau (mal)! 2Ac
la **mochila** der Rucksack ¡Hola!
el ***monopatín*** das Skateboard M3
un **montón de** eine Menge 3T
el **móvil** das Handy 3T
muchas gracias vielen Dank 5T
mucho *adv.* viel 2Ac
la **música** die Musik 3Ac; ***Música*** *f. sg.* Musik *Schulfach* M2; la ***música pop*** die Popmusik M3
muy *adv.* sehr ¡Hola!

N

la **naranja** die Orange 5Ac
necesitar brauchen, benötigen 3T; **necesito (yo)** ich brauche 3D
¡Ni idea! Keine Ahnung! 1Ac
el/la **niño/-a** das Kind 5T

no *adv.* nein, nicht 1T; **¿no?** Nicht wahr? 1T
¡No importa! Macht nichts!, Egal! 5T
no faltes *etwa* Über dein Kommen würde ich mich freuen. 4T
no tener ni idea überhaupt keine Ahnung haben 4T
nuestro/-a unser/e *(m./f./n./Sg.)* 4T
nuevo/-a *adj.* neu 1T

O

o *conj.* oder 6T
odiar hassen M2
once *adj.* elf 4T
la ***Optativa*** das Wahlfach M2
el **ordenador** der Computer 3Ac
otra vez *adv.* noch einmal *hier* schon wieder 3D
¡oye! hey, hör mal 2T

P

el **padre** der Vater 1T
los **padres** die Eltern 2T
la **página web** die Webseite ¡Hola!
la **panadería** die Bäckerei 2Ac
el **papá** der Papa 2T
el ***paquete*** das Paket M4
para *prep.* für 3Ac
para + *inf. prep.* um zu + *Inf.* 3Ac
para mí für mich 5Ac
para ti für dich 4T
la **pared** die Wand ¡Hola!
pasear spazieren gehen 6T
el **pastel** der Kuchen, die Torte 4T
el **pastel de cumpleaños** der Geburtstagskuchen 4T
la **patata** die Kartoffel 5Ac
la **película** der Film 4T
peligro so/-a *adj.* gefährlich 6Ac
la **pelota** der Ball 3Ac
pensar (en) (e/ie) denken (an) 6T
pequeño/-a *adj.* klein 5T
perdonar entschuldigen 5T
el **periquito** der Wellensittich 6Ac

pero conj. aber 1T
el **perro** der Hund 6Ac
el **pez**/los **peces** der Fisch/die Fische 6Ac
la **piñata** *eine mit Süßigkeiten gefüllte Pappfigur* 4T
el **piso** die Wohnung 3T
la **pizarra** die Tafel ¡Hola!
la **playa** der Strand 2Ac
la **plaza** der Platz 2T
la **pluma** der Füller ¡Hola!
poco a poco nach und nach 2T; **un poco** ein bisschen 6Ac
poder (o/ue) können 6T
el **pollito** das Küken 6Ac
por *prep.* durch 3T
por aquí *hier* in der Nähe 2Ac
por favor bitte 3D
por fin *adv.* endlich 6T
¿por qué? Warum 4T
¿Por qué no puedes? Warum kannst du nicht? 6D
por supuesto *adv.* natürlich 2Ac
porque *conj.* weil 4T
preferir (e/ie) lieber wollen, vorziehen 5T
preparar vorbereiten, zubereiten 4T
el/la **primo/-a** der/die Cousin/e 4Ac
el **problema** das Problem 4T
el/la **profesor/a** der/die Lehrer/in ¡Hola!
puedes (tú) du kannst 6D
puedo (yo) + *inf.* ich kann + *Inf.* 6D
la **puerta** die Tür ¡Hola!
pues also 1Ac
pues sí doch, natürlich, ja 2T

Q

¡Qué + *adj.*! Wie + *Adj.*! 2T
¡Que aproveche! Guten Appetit! 5Ac
¡Qué rico! Wie lecker! 2T
¿qué? was (für)? 2Ac
¿Qué es […]? Was ist […]? 5Ac
¿Qué es esto? Was ist das? 5Ac
¿Qué hay allí? Was gibt es dort? 2Ac
¿Qué hora es? Wie spät es ist? M1
¿Qué más hay? Was gibt es noch? 2Ac
¿Qué pasa? Was ist los?, Was gibt's? 5T
¿Qué quieres beber/comer? Was möchtest du trinken/essen? 5D
¿Qué tal + *sust.*? *adv.* Wie ist + *Nomen*? 1T
¿Qué tal? Wie geht's? ¡Hola!
¿Qué te gusta hacer? Was machst du gerne? M3
¿Qué tomas? *etwa* Was möchtest du essen/trinken? 5Ac
querer (e/ie) wollen, mögen 5T
el **queso** der Käse 5Ac
¿quién?, ¿quiénes? wer? 1Ac/2Ac
¿Quieres […]? Möchtest du […]? 5D
quieres (tú) du möchtest 5D
quiero (yo) ich möchte 5D

R

el ***rap*** der Rap *Musik* M3
el **ratón** die Maus 6Ac
el **recreo** die Pause *Schule* 1T
el **regalo** das Geschenk 4T; el **regalo de cumpleaños** das Geburtstagsgeschenk A5
regular *adv.* mittelmäßig 1Ac
Religión *f. sg.* Religion *Schulfach* M2
el **restaurante** das Restaurant 2Ac
la **revista** die Zeitschrift 2T
rico/-a lecker 2T
el **rincón** die Ecke 3Ac; el **rincón favorito** die Lieblingsecke 3Ac

S

el **sábado** der Samstag; *auch* am Samstag 4D
saber wissen, *auch* können 6T
¡Sal! (salir) Geh raus! 6T
salir (hin)ausgehen 6D; **salir a pasear** spazieren gehen AD
el **salón** das Wohnzimmer 3T
saludar begrüßen 5T
el **sándwich** das Sandwich 5Ac
Se dice […]. Man sagt […]. ¡Hola! ej.
Se escribe […] Man schreibt es […] ¡Hola! ej.
Se llama […]. Er/Sie/Es heißt […]. 1T
Se llaman (ellos/ellas) […]. Sie heißen […]. 4D
la **sed** der Durst 5Ac
seguro que sicherlich 3D
seis *adj.* sechs 4T
ser sein 1T; **ser de** sein/kommen aus 1T; **ser muy amigos** *hier* gut zusammenpassen 4T
sí *adv.* ja, doch 1Ac/3T
siempre *adv.* immer 1T
la **silla** der Stuhl ¡Hola!
el **sillón** der Sessel 3T
sobre *prep.* über 6Ac
sobre todo vor allem M3
sois (vosotros/-as) ihr seid 1D
sólo *adv.* nur 1T
solo/-a *adj.* allein 6T
somos (nosotros/-as) ihr seid 1D
soy (yo) ich bin 1D
Soy yo, […]. Ich bin es, […]. *am Telefon*
su sein/e, ihr/e 3T/4T
el **suelo** der Boden 5T

T

también *adv.* auch 1T
tampoco *adv.* auch nicht 3D
tarde *adv.* spät, zu spät 3T
te gusta (a ti) dir gefällt M3
Tecnología *f. sg.* Technologie *Schulfach* M2
tener (e/ie) haben 4T; **tener […] años** […] Jahre alt sein 4T; **tener cuidado (con)** aufpassen 5T; **¡Ten cuidado!** Pass auf! A5; **tener ganas (de)** Lust haben (auf) 5T; **tener hambre** Hunger haben 5Ac; **tener miedo (de)** Angst haben vor 6Ac; **tener que** müssen 6T; **tener razón** Recht haben 4T; **tener sed** Durst haben 5Ac; **tener una idea** eine Idee haben 4T
Tengo (yo) […] años. Ich bin […] Jahre alt. 4D

tengo (yo) que + *inf.* ich muss + *Inf.* 6D
tengo (yo) tiempo ich habe Zeit 6D
la **tía** die Tante 4Ac
el **tiempo** die Zeit 6T
la **tienda** das Geschäft 2Ac
el **tío** der Onkel 4Ac
la **tiza** die Kreide ¡Hola!
tocar spielen *Instrument* 4T
todavía *adv.* noch (immer) 3T
todo *adv.* alles 5T
tomar nehmen, essen / trinken 2T; **tomar un helado** ein Eis essen 2T
tonto/-a *adj.* dumm 6Ac
la ***torrija*** *etwa* armer Ritter *Weißbrotscheiben in Ei und Milch getunkt und gebraten* 5Ac
la **tortilla (de patata)** das Kartoffelomelett 5Ac
la **tortuga** die Schildkröte 6Ac
trabajar arbeiten 1T
tranquilo/-a *adj.* ruhig 6Ac
el **trato** das Abkommen
trece dreizehn 4D
tres *adj.* drei 4D
el ***truco*** der Trick *Fahrrad* M3
tu dein/e *(m./f./n. / Sg.)* 3T
tú du ¡Hola!
Tú eres de [...] Du bist / kommst aus [...] 1Ac
Tutoría *f. sg.* die Nachhilfe *Schulfach* M2

U

un / una ein / eine *(m./f. / Sg.)* 2Ac
uno/-a eine/r 6Ac

V

la ***vainilla*** die Vanille M4
vale *interj.* ok, gut 2T; ***¿vale?*** *etwa:* Einverstanden? M3
¡Vamos a ver! Wir werden sehen! 6T
el **vaso** das Glas 5T; el **vaso de agua** das Glas Wasser 5T
el / la ***vendedor/a*** der / die Verkäufer/in M4
la **ventana** das Fenster ¡Hola!
ver sehen 2T
la **verdad** die Wahrheit 4T; **¿verdad?** Stimmt's?, Nicht wahr? 1Ac
el ***viernes*** der Freitag M2
visitar besuchen 6Ac
Vives (tú) en [...]. 2D
vivir leben, wohnen 2T
volver (a) (o/ue) zurückkommen (nach) 6T; **volver a casa** nach Hause kommen 6T
voy (yo) ich gehe M3
vuestro/-a euer/-re *(m./f./n. / Sg.)* 4T
vosotros/-as ihr *(m. f. pl.)* 1D

Y

y *conj.* und ¡Hola!
ya *adv.* schon 3T
¡Ya está! *etwa* Fertig! 5T
Ya lo sé. Ich weiss [es] schon. 6T
yo ich 1Ac

Z

el **zumo** der Saft 5Ac
el **zumo de naranja** der Orangensaft 5Ac

DEUTSCH-SPANISCHES WÖRTERBUCH

Bei blaugedruckten Verben handelt es sich um Verben, die unregelmäßig sind oder bei denen auf orthografische Besonderheiten zu achten ist.
Grundschrift = obligatorischer Wortschatz *kursiv* = fakultativer Wortschatz

A

aber pero *conj.* 1T
Allee la avenida 2T
allein solo/-a *adj.* 6T
alles todo *adv.* 5T
Alphabet el alfabeto ¡Hola!
also pues 1Ac
am Ende al final *adv.* 6T
an en, a *prep.* ¡Hola!/3T
Angst el miedo 6Ac
Angst haben vor tener miedo (de) 6Ac
arbeiten trabajar 1T
Arzt el médico; **Ärztin** la médica 3T
auch también *adv.* 1T
auch nicht tampoco *adv.* 3D
Auf Wiedersehen! ¡Adiós! ¡Hola!
auf en *prep.* ¡Hola!
aufpassen tener cuidado (con) 5T
aufpassen (auf) cuidar 6T
aus de *prep.* 1Ac
ausgehen salir 6D
außerdem además *adv.* 2Ac

B

Bäckerei la panadería 2Ac
Badezimmer el baño 3T
Ball la pelota 3Ac
ich befinde mich estoy (yo) 3D
begrüßen saludar a 5T
beide los/las dos *adj.* 6T
belegtes Brötchen el bocadillo 5Ac
Berlin *Berlín* 1T ej.
Beschäftigung la actividad 4T
besuchen visitar 6Ac
Bett la cama 3Ac
Ich bin soy (yo) 1D; estoy (yo) 3D
Ich bin [...] Jahre alt. Tengo [...] años. 4D
bis hasta *prep.* ¡Hola!
Bis morgen! ¡Hasta mañana! ¡Hola!
Bis nachher! ¡Hasta luego! ¡Hola!
ein bisschen un poco *adv.* 6Ac
bitte por favor 3D; *beim Bezahlen Aquí tiene.* M4
Bleistift el lápiz/los lápices 4T
Boden el suelo 5T
Bonbon el caramelo 5T
ich brauche necesito (yo) 3D
brauchen necesitar 3T
Bruder el hermano 1D
Buch el libro ¡Hola!
Buntstift el lápiz de color 4T
Bus *el bus* M1

C

CD el cedé 3T
chatten chatear 1T
Computer el ordenador 3Ac
Cousin/e el/la primo/-a 4Ac

D

danach luego *adv.* ¡Hola!; después *adv.* 3T
Danke! ¡Gracias! ¡Hola!
Ich danke dir. *Gracias a ti.* M4
dann luego *adv.* ¡Hola!
das (hier) esto 5Ac
das ist ésta es, éste es 2T/3Ac
Das ist alles. *Eso es todo.* M4
das sind éstas son, éstos son 2T/3Ac
Das weiss ich schon. Ya lo sé. 6T
dein/e *(m./f./n./Sg.)* tu 3D
denken (an) pensar (en) (e/ie) 6T
der/die *(m./f./Sg.)* el/la ¡Hola!
Deutsch el alemán 1T
Deutschland Alemania 1Ac
die *(m./f./Pl.)* los/las 1T
Dienstag *el martes* M2
dir gefällt *te gusta (a ti)* M3
doch sí, pues sí 2T/3T
Donnerstag *el jueves* M2
dort allí *adv.* 2Ac
Dose *la lata* M4
drei tres *adj.* 4T
dreizehn trece 4D
Du bist/kommst aus [...] Tú eres de [...] 1Ac
du kannst puedes (tú) 6D
Du wohnst in [...]. (Tú) vives en [...]. 2D
dumm tonto/-a 6Ac
durch por *prep.* 3T
Durst la sed 5Ac; **Durst haben** tener sed 5Ac
DVD el DVD 5T

E

Ecke *Haus oder Straße* la esquina 2T; *Zimmer* el rincón 3Ac
Egal! ¡No importa! 5T
ein/eine *(m./f./Sg.)* un/una 2Ac
ein bisschen un poco *adv.* 6Ac
eine/r uno/-a 6Ac
Einladung la invitación 4T
Eintrittskarte la entrada 4T
Einverstanden? *¿Vale?* M3
Eis el helado 2T; **ein Eis essen** tomar un helado 2T
Eisdiele la heladería 2Ac
elf once *adj.* 4T
Eltern los padres 2T
E-Mail el e-mail 2T
endlich por fin *adv.* 6T
Englisch *Schulfach Inglés m. sg.* M2
entdecken descubrir 2T
entschuldigen perdonar 5T
er él 1Ac
Er/Sie/Es heißt [...] Se llama [...] 1T
Erdbeere *la fresa* M4
es gibt hay 2Ac
Es ist [...]. *Es la/Son las [...].* M1
Es reicht! ¡Basta! 2T
essen comer 2T; tomar 2T; *la comida* M2
Essenszeit la hora de comer 3T
Ethik *Schulfach Ética f. sg.* M2
etwas algo 5T
euer/-re vuestro/-a 4T
Euro el euro ¡Hola!

F

Fahrrad la bicicleta; *fam.* la bici 5T
Familie la familia 4Ac
Fantasyliteratur *Fantasy* M3
Farbe el color 4T
fast casi *adv.* 3T
Fenster la ventana ¡Hola!

Fertig! *etwa* ¡Ya está! 5T
Film la película 4T
finden encontrar (o/ue) 6T
Fisch / Fische el pez / los peces 6Ac
Flasche *la botella* M4
Freitag *el viernes* M2
Freund/in el / la amigo/-a 1D
Füller la pluma ¡Hola!
für para *prep.* 3Ac; **für dich** para ti 4T; **für mich** para mí 5Ac
Fußball *Sportart* el fútbol 4T

G

Geburtstag el cumpleaños 4D
Geburtstagsgeschenk el regalo de cumpleaños 5T
Geburtstagsparty la fiesta de cumpleaños 5T
Geburtstagstorte el pastel de cumpleaños 4T
gefährlich peligroso/-a *adj.* 6Ac
gegenüber von enfrente de *adv.* 3Ac
gehen *ir* M3
ich gehe *voy (yo)* M3
genial genial *adv.* 3Ac
Geographie und Geschichte *Schulfach Geografía e Historia f. sg.* M2
Geschäft la tienda 2Ac
Geschenk el regalo 4T
Geschichte la historia 5T
Geschichtsbuch el libro de historia 5T
Geschwister los hermanos 1D
Gitarre la guitarra 4T; **Gitarre spielen** tocar la guitarra 4T
Glas el vaso 5T; **Glas Wasser** el vaso de agua 5T
glauben creer 2T
glücklich feliz *adj.* 5T
groß grande *adj.* 6Ac
Großeltern los abuelos 4Ac
Großmutter la abuela 4Ac
Großvater el abuelo 4Ac
gut bien *adv.* ¡Hola!; ok 1Ac; **gut zusammenpassen** *hier* ser muy amigos 4T
Guten Appetit! ¡Que aproveche! 5Ac
Guten Morgen! ¡Buenos días! ¡Hola!
Guten Tag! ¡Buenos días! ¡Hola!

H

haben tener (e/ie) 4T
halb *Uhrzeit media* M1
Hallo! ¡Hola! ¡Hola!
Hamburg Hamburgo 1Ac
Hamster el hámster 6Ac
Handy el móvil 3T
hassen *odiar* M2
Haus la casa 1T
Hausaufgaben los deberes 4T
Haustier la mascota 6Ac
Heft el cuaderno ¡Hola!
Sie heißen […]. Se llaman (ellos/-as) […]. 4D; **Wie heißen sie?** ¿Cómo se llaman (ellos/-as)? 4D
Wie heißt du? ¿Cómo te llamas? ¡Hola!
herausgehen salir 6T
hereinkommen entrar 5T
herumkommandieren ir de
heute hoy *adv.* 6Ac
hier aquí *adv.* 1D
hier in der Nähe por aquí 2Ac
hinausgehen salir 6T
hör mal ¡oye! 2T
hören escuchar 3Ac
Hotel el hotel 1T
Hund el perro 6Ac
Hunger el hambre; **Hunger haben** tener hambre 5Ac

I

ich yo 1Ac
ich befinde mich estoy (yo) 3D
ich bin soy (yo) 1D; estoy (yo) 3D
ich bin es, […]. *am Telefon* Soy yo, […]. 3D
Ich bin […] Jahre alt. Tengo […] años. 4D
ich brauche necesito (yo) 3D
Ich danke dir. *Gracias a ti.* M4
ich gehe *voy (yo)* M3
ich habe Zeit tengo (yo) tiempo 6D
ich kann + *Inf.* puedo (yo) + *inf.* 6D
ich mache *hago (yo)* M3
ich möchte quiero (yo) 5D
Ich werde […] (Jahre alt). Cumplo […] años. 4D
ich weiß nicht no sé 2Ac
Idee la idea 1Ac; **eine Idee haben** tener una idea 4T
ihr *(m./f. / Pl.)* vosotros/vosotras 1D
ihr seid sois (vosotros/vosotras) 1D
ihr/e su 3T
immer siempre *adv.* 1T
in en *prep.* ¡Hola!
in der Nähe von cerca de *adv.* 3D
intelligent inteligente *adj.* 6Ac
interessant interesante *adj.* 4T
Internet el internet 1T; **im Internet** por internet 1T
Internetcafé el cibercafé 2Ac

J

ja sí *adv.* 1Ac
Jacke la chaqueta 3T
Jahr el año 4D; **[…] Jahre alt sein** tener […] años 4T
jetzt ahora *adv.* 1Ac
Junge el chico ¡Hola!

K

Kaninchen el conejo 6Ac
Kartoffel la patata 5Ac
Kartoffelomelett la tortilla (de patata) 5Ac
Käse el queso 5Ac
Käsebrötchen el bocadillo de queso 5Ac
Katze el gato 6Ac
kaufen comprar 4T
Keine Ahnung! ¡Ni idea! 1Ac
Kilo el kilo ¡Hola!
Kind el / la niño/-a 5T
Kinder (Söhne und Töchter) los hijos 4Ac
Kino el cine 2Ac
Kiosk el kiosco 2Ac
Klar! ¡Claro! 1T; **Na klar!** ¡Claro que sí!
Klasse la clase ¡Hola!
Klassenzimmer la clase ¡Hola!
klein pequeño/-a *adj.* 5T
klug inteligente *adj.* 6Ac
Komm(t) essen! ¡A comer! 3T
kommen aus ser de 1T
können poder (o/ue) 6T
Krankenhaus el hospital 3T
Kreide la tiza ¡Hola!
Küche la cocina 3T
Kuchen el pastel 4T
Küken el pollito 6Ac
Kuli *fam.* el boli ¡Hola!
Kunst *Schulfach Educación Plástica y Visual f. sg.* M2

L

Lampe la lámpara 3Ac
langweilig aburrido/-a *adj.* 5T
lassen dejar 5T

lecker rico/-a 2T
leben vivir 2T
Lebensgefährte/-in el / la compañero/-a 3T
lebhaft inquieto/-a *adj.* 6Ac
leicht fácil *adj.* 6T
lernen estudian (ellos/-as) 1D; estudiar 1T; aprender 2T
lesen leer 2T
lieber wollen preferir (e/ie) 5T
liebevoll cariñoso/-a *adj.* 6T
Lieblings- favorito/-a *adj.* 4T
Lieblingsecke el rincón favorito 3Ac
Luftballon el globo 5Ac
Lust haben (auf) tener ganas (de) 5T
lustig divertido/-a *adj.* 5T

M

ich mache *hago (yo)* M3
machen *hacer* M3
du machst *haces (tú)* M3
Macht nichts! ¡No importa! 5T
Mädchen la chica ¡Hola!
mal sehen a ver 4T
Mama la mamá 1T
Man sagt […] Se dice […] ¡Hola! ej.
Man schreibt es […] Se escribe […] ¡Hola! ej.
manchmal a veces *adv.* 2T
Manga *Comic el manga* M3
Mäppchen el estuche ¡Hola!
Mappe la carpeta ¡Hola!
Maus el ratón 6Ac
Meerschweinchen el conejo de Indias 6Ac
mehr más *adv.* 2Ac
mein/e *(m./f./n./Sg.)* mi 3Ac
eine Menge un montón de 3T
Mensch! ¡ay! 3T
Mir gefällt + *Inf.* *(a mí) me gusta + inf.* M3
Mir (gefällt es) nicht. *A mí no (me gusta).* M3
Mir (gefällt es) auch nicht. *A mí tampoco (me gusta).* M3
mit con *prep.* 1T
Mitschüler/in el / la compañero/-a 1T
Mittagsessen *la comida* M2
mittelmäßig regular *adv.* 1Ac
Mittwoch *el miércoles* M2
ich möchte quiero (yo) 5D
du möchtest quieres (tú) 5D
Möchtest du […]? ¿Quieres […]? 5D
mögen querer (e/ie) 5T
Montag *el lunes* M2
morgen mañana *adv.* ¡Hola!; *la mañana* M1; *Uhrzeit* + **morgens** *hora + de la mañana* M1
Musik la música 3Ac; *Schulfach Música f. sg.* M2
müssen tener que 6T
Mutter la madre 1T

N

nach a *prep.* 3T
nach + *Nomen* después de + *sust. prep.* 6T
nach Hause kommen llegar a casa, volver a casa (o/ue) 3T/6T
nach und nach poco a poco 2T
Nachhilfe *Schulfach Tutoría f. sg.* M2
nachher luego *adv.* ¡Hola!
nah cerca *adv.* 2D
natürlich por supuesto *adv.* 2Ac
Natürlich! ¡Claro! 1T
neben al lado de *adv.* 3Ac
nehmen tomar 2T
nein no *adv.* 1T
neu nuevo/-a *adj.* 1T
nicht no *adv.* 1T
Nicht wahr? ¿no?, ¿verdad? 1T/Ac
noch (immer) todavía *adv.* 3T
noch einmal otra vez 3D
nur sólo *adv.* 1T

O

Obst *la fruta* M4
oder o *conj.* 6T
ok vale 2T
Onkel el tío 4Ac
Orange la naranja 5Ac
Orangensaft el zumo de naranja 5Ac

P

Paket *el paquete* M4
Papa el papá 2T
Papagei el loro 6Ac
Party la fiesta 4T
Pause *Schule* el recreo 1T
Pferd el caballo 6Ac
Platz la plaza 2T
plaudern charlar 1T
Popmusik *la música pop* M3
Poster el cartel 3Ac
Problem el problema 4T
Prüfung el examen ¡Hola!

R

Radiergummi la goma ¡Hola!
Rap *Musik el rap* M3
Recht haben tener razón 4T
reden hablar 1T
Regal la estantería 3Ac
Religion *Schulfach Religión f. sg.* M2
Restaurant el restaurante 2Ac
Rucksack la mochila ¡Hola!
ruhig tranquilo/-a *adj.* 6Ac

S

Sache la cosa 3T
Saft el zumo 5Ac
Samstag el sábado 4D
Sandwich el sándwich 5Ac
Schau (mal)! ¡Mira! 2Ac
Schildkröte la tortuga 6Ac
Schinken el jamón 5Ac
Schokolade *el chocolate* M4
Schloss el castillo 2Ac
schon ya *adv.* 3T
schön bonito/-a *adj.* 4T
schon wieder otra vez *adv.* 3D
Schrank el armario 3Ac
schrecklich fatal *adv.* 1Ac
schreiben escribir 2T
Schreibtisch el escritorio 3Ac
Schule el colegio, *fam.* el cole ¡Hola!/1T
Schüler/in el / la alumno/-a ¡Hola!
Schulfach *la asignatura* M2
schwer difícil *adj.* 4T
Schwester la hermana 1D
schwierig difícil *adj.* 4T
sechs seis *adj.* 4T
sehen ver 2T
sehr muy *adv.* ¡Hola!
ihr seid sois (vosotros/-as)
sein ser 1T; **da sein** estar 3T
sein/e su 3T
Sessel el sillón 3T
sicherlich seguro que 3D
sie ella, ellos/-as 1Ac
Sie heißen […]. Se llaman (ellos/-as) […]. 4D
wir sind somos (nosotro/-as)
singen cantar 5T
so así *adv.* 3T
Sohn el hijo 4Ac
sorgen (für) cuidar 6T
Spanien España ¡Hola!
Spanisch el español ¡Hola!; *Schulfach Literatura y Lengua f. sg.* M2

spät tarde *adv.* 3T
später después *adv.* 3T
spazieren gehen pasear, salir a pasear 6D/A
spielen *Instrument* tocar 4T; **spielen (Fußball)** *jugar al fútbol* M3
Sport el deporte 3Ac; *Schulfach Educación Física f. sg.* M2
sprechen hablar 1T
Stadion el estadio 2D
Stadt la ciudad 2Ac
Stadtviertel el barrio 2T
Stift el lápiz / los lápices 4T
Stimmt. Es verdad. 4T
Strand la playa 2Ac
Straße la calle 2Ac
Stuhl la silla ¡Hola!
der Stundenplan *el horario* M2
suchen buscar 3T

T

Tafel la pizarra ¡Hola!
Tag el día 6Ac
Tante la tía 4Ac
Tanz el baile 2T
tanzen *bailar* M3
Tanzschule la academia de danza 2T
Technologie *Schulfach Tecnología f. sg.* M2
Tier el animal 6Ac
Tierschutzverein *la asociación protectora de animales* 6Ac
Tisch la mesa ¡Hola!
Tochter la hija 4Ac
toll guay *adj.* 5T
Trick *el truco* M3
trinken tomar 2T; beber 5T
Tür la puerta ¡Hola!
Turnen *la gimnasia* M3

U

über encima de 3Ac; sobre *adv.* 6Ac
über was? ¿de qué? 4T
überhaupt keine Ahnung haben no tener ni idea 4T
um [...] Uhr *a la / a las [...]* M1
Um wie viel Uhr [...]? *¿A qué hora [...]?* M1
um zu + *Inf.* para + *inf. prep.* 3Ac
und y *conj.* ¡Hola!; *e (vor i- und hi-)* M2
unruhig inquieto/-a *adj.* 6Ac
unser/e *(m./f./n. / Sg.)* nuestro/-a 4T
unter debajo de *adv.* 3T
Unterricht la clase ¡Hola!
Unterrichtsstunde la clase ¡Hola!
Uhrzeit *la hora* M1

V

Vanille *la vainilla* M4
Vater el padre 1T
Verkäufer/in *el / la vendedor/a* M4
verstehen comprender 6Ac
viel mucho *adv.* 2Ac
viel mehr mucho más 2Ac
viele Dinge *muchas cosas* 6Ac
vielen Dank muchas gracias 5T
vier cuatro *adj.* 4T
Viertel *Uhrzeit el cuarto* M1
von de *prep.* 1Ac
von / seit [...] bis [...] *Uhrzeit desde la / las [...] hasta la / las [...]* M2
vor *Uhrzeit menos* M1
vor allem *sobre todo* M3
vorbereiten preparar 4T
vorziehen preferir (e/ie) 5T

W

Wahlfach *Schulfach Optativa f. sg.* M2
Wahrheit la verdad 4T
Wand la pared ¡Hola!
Warum? ¿por qué? 4T
Warum kannst du nicht? ¿Por qué no puedes? 6D
was (für)? ¿qué? 2Ac
Was gibt es dort? ¿Qué hay allí? 2Ac
Was ist das? ¿Qué es esto? 5Ac
Was ist los? Was gibt's? ¿Qué pasa? 5T
Was machst du gerne? *¿Qué te gusta hacer?* M3
Was möchtest du essen / trinken? ¿Qué tomas? 5Ac; ¿Qué quieres beber / comer? 5D
Wasser el agua 5Ac
Webseite la página web ¡Hola!
weil porque *conj.* 4T
Wellensittich el periquito 6Ac
weniger menos *adv.* 3T
wer? ¿quién? 1Ac/2T
[...] (Jahre alt) werden cumplir [...] (años) 4T
wie como *adv.* 3T
Wie + *Adj.*! ¡Qué + *adj.*! 2T
wie? ¿cómo? ¡Hola!
Wie alt bist du? ¿Cuántos años tienes? 4D
Wie alt ist [...]? ¿Cuántos años tiene [...]? 4T
Wie geht's? ¿Qué tal? ¡Hola!
Wie heißen sie? ¿Cómo se llaman (ellos/-as)? 4D
Wie heißt du? ¿Cómo te llamas? ¡Hola!
Wie ist + *Nomen*? ¿Qué tal + *sust.*? *adv.* 1T
Wie lecker! ¡Qué rico! 2T
Wie spät es ist? *¿Qué hora es?* M1
Wie sagt man ... auf Spanisch? ¿Cómo se dice ... en español? ¡Hola! ej.
Wie spät es ist? *¿Qué hora es?* M1
Wie schreibt man das? ¿Cómo se escribe? ¡Hola! ej.
wir nosotros/-as 1T
wir sind somos (nosotros/-as) 1D
wissen, können saber 6T
witzig gracioso/-a *adj.* 6Ac
wo? ¿dónde? 2T
Wo wohnst du? ¿Dónde vives? 2D
Woher bist / kommst du? ¿De dónde eres? 1Ac
woher? ¿de dónde? 1Ac
wohnen vivir 2T
Du wohnst in [...]. (Tú) vives en [...]. 2D
Wohnung el piso 3T
Wohnzimmer el salón 3T
wollen querer (e/ie) 5T
worüber? ¿de qué? 4T
wunderbar estupendo/-a *adj.* 4T

Z

zärtlich cariñoso/-a *adj.* 6T
zeichnen *dibujar* M3
Zeit el tiempo 6D; **ich habe Zeit** tengo (yo) tiempo 6D
Zeitschrift la revista 2T
Zentrum el centro 2Ac
Zimmer la habitación 3Ac
zu a *prep.* 3T
zu Hause en casa *adv.* 1T
zubereiten preparar 4T
Zuneigung el cariño 6T
zurückkommen (nach) volver (a) (o/ue) 6T
zusammen juntos/-as *adj.* 3T
zwei dos *adj.* 4T
zwischen entre *prep.* 3Ac
zwölf doce *adj.* 4D

FIESTAS EN ESPAÑA

	Enero	Febrero	Marzo	Abril	Mayo	Junio
1	D	M	M	S		
2	L	J				
3	M	V				
4	M	S				
5	J	D				
6	V Reyes Magos	L				
7					D Día de la madre	M
8					L	J Moros y cristianos
9					M	V Moros y cristianos
10			V	L	M	S Moros y cristianos
11			S			D Moros y cristianos
12			D			L
13			L			M
14			M			M
15			M Fallas			J
16			J Fallas			V
17			V Fallas			S
18			S Fallas			D
19			D Fallas Día del padre	M	V	L
20			L	J	S	M Hogueras de San Juan
21	S	M	M	V	D	M Hogueras de San Juan
22	D	M	M	S	L	J Hogueras de San Juan
23	L	J	J	D Día del libro	M	V Hogueras de San Juan
24	M			L	M	S Hogueras de San Juan
25	M			M		
26	J			M		
27	V			J		
28	S			V		
29	D			S		
30	L			D		
31	M					

La fiesta más famosa de San Blas son los **Moros y cristianoS**. ¡Por las noches hay fuegos artificiales!

En **Semana Santa** hay procesioneS. La procesión más importante es el Viernes Santo.

Los niños españoles sólo reciben el 6 de enero sus regalos de los **Reyes MagoS**. El 5 de enero los Reyes Magos entran a la ciudad y regalan caramelos y golosinas.

Durante las **Fallas**, los valencianos queman en las calles figuras de papel maché y madera.

¡Es **carnaval**! Las calles se llenan de alegría. Hay bailes y la gente lleva disfraces.

A finales de junio muchas ciudades y pueblos españoles hacen las famosas **hogueras de San Juan**.

Julio	Agosto	Septiembre	Octubre	Noviembre	Diciembre
				M	V 1
				J	S 2
				V	D 3
				S	L 4
				D	M 5
Sanfermines				L	Día de la Constitución española M 6
Sanfermines				M	J 7
Sanfermines				M	V 8
Sanfermines				J	S 9
Sanfermines				V	D 10
Sanfermines				S	L 11
Sanfermines M	S	M	Fiesta nacional de España J	D	M 12
Sanfermines J	D	M	V	L	M 13
Sanfermines V	L	J	S	M	J 14
S	M	V			
D	M	S			
L	J	D			
M	V	L			
M	S	M			
J	D	M			
V	L	J			
S	M	V			
D	M	S			
L	J	D			
M	V				Navidad L 25
M	S				M 26
J	D				M 27
V	L				J 28
S	M				V 29
D	M				S 30
L	J				Nochevieja D 31

Durante los **Sanfermines** hombres jóvenes corren por las calles de Pamplona y tras ellos corren toros.

Los españoles festejan la **Navidad** en familia. Chicos y grandes comen turrón y cantan juntos villancicoS. En muchas casas hay un belén.

En la **Nochevieja**, justo cuando el reloj marca la medianoche, los españoles comen doce uvas para tener buena suerte en el año nuevo.

LÖSUNGEN

Unidad 4 Seite 50/51

1. Fabio es el **abuelo** de Luis.
2. Marta es la **hermana** de Manuel.
3. Carmen es la **tía** de Carlos.
4. Carmen es la **madre** de Javi.
5. Cristina es la **prima** de Javi.
6. Julio es el **abuelo** de Cristina.
7. Carlos es el **hermano** de Cristina.
8. Manuel es el **tío** de Pablo.
9. Gonzalo es el **padre** de Pablo.
10. Cristina es la **prima** de Rafa.
11. Antonia es la **abuela** de Carlos.
12. Rafa es el **hermano** de Javi.
13. Manuel es el **tío** de Luis.
14. Pablo es el **primo** de Javi.
15. Mercedes y Fabio son los **abuelos** de Javi.
16. Marta es la **madre** de Luis.
17. Vera es la **tía** de Rafa.
18. Julio es el **padre** de Carmen.
19. Vera es la **hermana** de Carmen.
20. Carlos es el **primo** de Javi.

Bildquellenverzeichnis:

A1PIX/your photo today/Tetra_Images: S. 82 (1) – **Age**/Gonzalo Azumendi: S. 159 (oben links) – **Alamy**/speedpix: S. 34 (13) – **Alonso**/Caparrós: S. 22 (2), S. 79 (7), S. 108 (7) – **Comstock:** S. 34 (3), S. 34 (7) – **Corbis GmbH**/Ocean: Cover, Corbis GmbH/Patrick Ward: S. 158 (oben Mitte links), **Cornelsen**/Alonso: S. 158 (unten rechts), S. 34 (10), Cornelsen/Delgado: S. 93 (1), Cornelsen/Grimm: S. 22 (1), S. 62 (6), Cornelsen/Lucentum Digital: S. 9 (1), S. 10 (1), S. 11 (1), S. 12 (1), S. 12 (2), S. 12 (3), S. 12 (4), S. 12 (5), S. 13 (unten), S. 13 (oben), S. 14 (1), S. 14 (2), S. 14 (Mitte links), S. 14 (Mitte links, Bild in Bild), S. 14 (Mitte, 2. von rechts), S. 14 (Mitte, 2. von rechts, Bild in Bild), S. 14 (Mitte rechts), S. 14 (Mitte rechts, Bild in Bild), S. 14 (unten 1. von rechts), S. 14 (unten 1. von rechts, Bild in Bild), S. 14 (unten 2. von rechts), S. 14 (unten 2. von rechts, Bild in Bild), S. 14 (unten rechts), S. 14 (unten rechts, Bild in Bild), S. 15 (1), S. 15 (2), S. 15 (3), S. 15 (4), S. 17 (1), S. 17 (2), S. 17 (3), S. 17 (4), S. 17 (5), S. 22 (5), S. 22 (6), S. 23 (3), S. 23 (4), S. 23 (7), S. 25 (1), S. 26 (1), S. 26 (4), S. 26 (2), S. 27 (1), S. 27 (2), S. 36 (2), S. 36 (3), S. 37 (4), S. 37 (5), S. 37 (6), S. 39 (1), S. 39 (2), S. 50 (1), S. 52 (1), S. 62 (1), S. 62 (7), S. 63 (1), S. 63 (2), S. 63 (3), S. 63 (4), S. 63 (5), S. 63 (6), S. 66 (1), S. 67 (1), S. 80 (1), S. 81 (1), S. 100 (1), S. 100 (2), S. 100 (3), S. 100 (4), S. 100 (5), S. 106 (1), S. 36/37 (1), S. 64/65 (1), Cornelsen/Malinowski: S. 62 (5), Cornelsen/Marit Reifenstein: S. 34 (8), S. 34 (9), S. 34 (11), S. 34 (12), Cornelsen/Petter-Zimmer: S. 34 (14), S. 77 (1), Cornelsen/Rathsam: S. 34 (15), Cornelsen/Schulz: S. 71 (1), S. 75 (1) – **Deutsches Jugendherbergswerk, Hauptverband für Jugendwandern und Jugendherbergen e.V.:** S. 44 (oben) – **Digitalstock.de:** S. 34 (2), S. 79 (3), S. 79 (5), S. 108 (3), S. 108 (5) – **Ediciones B**/Zipi y Zape/Tonel del tiempo de Escobar: S. 122 (2) – **epa efe**/Chema Montoya: S. 159 (unten rechts) – **Fotolia.com**/aerogondo: S. 32 (1), Fotolia.com/Antje Lindert-Rottke: S. 108 (4), Fotolia.com/byrdyak: S. 108 (1), Fotolia.com/Daoui: S. 91 (2), Fotolia.com/dieter76: S. 89 (6), Fotolia.com/ferrerilavarialiotti: S. 34 (4), Fotolia.com/ferrerilavarialiotti: S. 62 (2), Fotolia.com/fidelio: S. 26 (3), Fotolia.com/iko: S. 91 (1), Fotolia.com/Isselée: S. 79 (1), Fotolia.com/Isselée: S. 90 (1), Fotolia.com/Isselée: S. 108 (1), Fotolia.com/Jeanette Dietl: S. 57 (1), Fotolia.com/Katrina Miller: S. 159 (Mitte rechts), Fotolia.com/klickerminth: S. 53 (2), Fotolia.com/klickerminth: S. 104 (1), Fotolia.com/lfmpereira: S. 108 (3), Fotolia.com/maksymowicz: S. 108 (2), Fotolia.com/Malena und Philipp K: S. 35 (1), Fotolia.com/Malena und Philipp K: S. 35 (2), Fotolia.com/Manfred Holz: S. 98 (1), Fotolia.com/MichaelJay: S. 72 (1), Fotolia.com/Mirko Raatz: S. 89 (5), Fotolia.com/Moremi: S. 34 (1), Fotolia.com/Nneirda: S. 89 (1), Fotolia.com/ots-photo: S. 108 (5), Fotolia.com/Pepple: S. 76 (1), Fotolia.com/Peredniankina: S. 42 (1), Fotolia.com/pressmaster: S. 86 (2), Fotolia.com/RFF: S. 89 (4), Fotolia.com/SerrNovik: S. 72 (1), Fotolia.com/sweetcrisis: S. 89 (3), Fotolia.com/TONO BALAGUER: S. 158 (Mitte), Fotolia.com/Travelfish: S. 79 (8), S. 108 (8), Fotolia.com/WoGi: S. 34 (5), Fotolia.com/www.ChristianSchwier.de: S. 53 (1) – **idreamphoto**/irin-k: S. 34/35 (Hintergrund) – **Imagebrokers**/Photoshot: S. 122 (3) – **Interfoto**/PHOTOAISA/Rafa Perez: S. 158 (oben rechts) – **iStockphoto:** S. 34 (6), iStockphoto/kk5hy: S. 18 (3), iStockphoto/sonyae: S. 18 (2) – **laif**/REA: S. 49 (1) – **mauritius images**/Oredia: S. 18 (4), mauritius/Age: S. 158 (unten links) – **PantherMedia**/Bernd Kunst: S. 80 (2) – **Photoshot**/Fermariello: S. 57 (1) – Photoshot/JTB: S. 122 (1), Photoshot/Tetra Images: S. 105 (1) – **picture alliance**/dpa: S. 18 (1) – **Shotshop:** S. 79 (4), S. 80 (2), S. 108 (4), Shotshop/Ernst Giger: S. 79 (6), S. 108 (6), Shotshop/Martina Miser: S. 79 (2), S. 108 (2) – **Shutterstock:** S. 49 (2), Shutterstock/Aleksander1: S. 25 (2 Icons in Karte), Shutterstock/justone: S. 25 (3 Icons in Karte), Shutterstock/Marco Tomasini: S. 89 (2), Shutterstock/VoodooDot: S. 25 (1 Icon in Karte), Shutterstock/WonderfulPixel: S. 25 (2 Icons in Karte)